精品课程

普通高等教育高职高专会计专业精品课程建设规划教材

Statistical Practice

统计实务

黄正祥　李蜀湘　姬海华　主编

湖南大学出版社

内 容 简 介

本书按照统计工作过程分为调查篇、整理篇、分析篇共三篇八个任务。为了突出对高职高专学生的能力要求，每个任务按任务目标、案例导入、理论指导、复习与思考、练习题、实训项目将任务内容逐步导出，完整讲述了调查、整理和分析等一系列统计研究方法。其中在调查篇中对问卷调查方法的运用和技巧进行了重点介绍。

本书适合高职高专经管类专业学生使用，也可作为统计员上岗证考试的参考教材。

图书在版编目（CIP）数据

统计实务/黄正祥，李蜀湘，姬海华主编．—长沙：湖南大学出版社，2016.8

（普通高等教育高职高专会计专业精品课程建设规划教材）

ISBN 978-7-5667-1206-6

Ⅰ.①统…　Ⅱ.①黄…　②李…　③姬…　Ⅲ.①统计学—高等职业教育—教材　Ⅳ.①C8

中国版本图书馆 CIP 数据核字（2016）第 208210 号

统计实务

TONGJI SHIWU

主　　编：黄正祥　李蜀湘　姬海华
责任编辑：陈建华　**责任校对**：全　健　**责任印制**：陈　燕
印　　装：衡阳顺地印务有限公司
开　　本：787×1092　16 开　**印　张**：11　**字　数**：261 千
版　　次：2016 年 8 月第 1 版　**印　次**：2016 年 8 月第 1 次印刷
书　　号：ISBN 978-7-5667-1206-6
定　　价：28.00 元

出 版 人：雷　鸣
出版发行：湖南大学出版社
社　　址：湖南·长沙·岳麓山　　**邮　　编**：410082
电　　话：0731-88822559(发行部),88821327(编辑室),88821006(出版部)
传　　真：0731-88649312(发行部),88822264(总编室)
网　　址：http://www.hnupress.com
电子邮箱：presschenjh@hnu.edu.cn

前　言

2005年7月，由我和李蜀湘老师主编的《统计学原理》在湖南大学出版社出版。该教材自出版以来，历经多次修订再版，被多所高职学院采用，广受好评，2008年荣获第八届全国高校出版社优秀畅销书一等奖。同时，编写成员在实际教学工作中，围绕提高人才培养质量，进行了一系列的探索和改革，并将《统计学原理》进行了全面系统的修订，形成了这本《统计实务》。

《统计实务》基于工作过程理念，按任务导向、项目驱动的思路修订而成。全教材分为：调查篇、整理篇、分析篇。每篇通过一个“案例导入”将学生带入一个模拟情境。每篇由若干任务组成，每个任务包含：任务目标、理论指导、复习与思考、实训项目。全书以我国现行统计制度为依据，结合我国的统计实践，充分吸收近年来国内优秀统计教材的精华，形成了理论与实际紧密结合的鲜明特色。具体表现在：

1. 针对性。本教材注重本学科基本原理、基础知识的阐述和基本技能的训练，尤其突出对统计基本技能的训练，目的是使学生掌握统计基本技能，提高解决实际问题的能力，在教学内容上按照“理论够用、适度，强化技能，重在应用”的原则进行了整合。

2. 前瞻性。在针对性的前提下，注重教材内容的前沿性，尽量把国内外前沿统计理论和统计知识、优秀的统计研究成果介绍进来，使本教材更具现代统计特色。

3. 简明性。针对高职培养对象，教材编写突出了简明性。全书从语言表述到案例选取，均做到深入浅出、通俗易懂。

本书主要由湖南科技职业学院的黄正祥老师，湖南工业职业技术学院的李蜀湘老师，张家界航空职业技术学院的姬海华老师编写而成。因学力有限，书中难免出现疏漏不足之处，欢迎读者朋友批评指正。

编　者

2016年7月

目　次

Contents

调　查　篇

任务一

统计基本理论

【任务目标】

知识目标：

1. 理解统计的概念、研究对象、特点。
2. 理解统计研究的方法、统计的职能。
3. 掌握统计学中的几个基本概念。

能力目标：

1. 能够根据统计工作过程不同阶段应用不同的研究方法。
2. 几个基本概念的熟练应用。

【案例导入】

2010 年第六次全国人口普查主要数据公报[①]（第 1 号）

中华人民共和国国家统计局

2011 年 4 月 28 日

根据《全国人口普查条例》和《国务院关于开展第六次全国人口普查的通知》，我国以 2010 年 11 月 1 日零时为标准时点进行了第六次全国人口普查[②]。在国务院和地方各级人民政府的统一领导下，在全体普查对象的支持配合下，通过广大普查工作人员的艰苦努力，目前已圆满完成人口普查任务。现将快速汇总的主要数据公布如下：

一、总人口

全国总人口为 1 370 536 875 人。其中：

---

① 本公报中数据均为初步汇总数。

② 普查登记的对象是指普查标准时点在中华人民共和国境内的自然人以及在中华人民共和国境外但未定居的中国公民，不包括在中华人民共和国境内短期停留的港澳台居民和外籍人员。“境内”指我国海关关境以内，“境外”指我国海关关境以外。

普查登记的大陆 31 个省、自治区、直辖市和现役军人的人口①共 1 339 724 852 人。

香港特别行政区人口②为 7 097 600 人。

澳门特别行政区人口③为 552 300 人。

台湾地区人口④为 23 162 123 人。

二、人口增长

大陆 31 个省、自治区、直辖市和现役军人的人口，同第五次全国人口普查 2000 年 11 月 1 日零时的 1 265 825 048 人相比，十年共增加 73 899 804 人，增长 5.84%，年平均增长率为 0.57%。

三、家庭户人口

大陆 31 个省、自治区、直辖市共有家庭户⑤ 401 517 330 户，家庭户人口为 1 244 608 395人，平均每个家庭户的人口为 3.10 人，比 2000 年第五次全国人口普查的 3.44 人减少 0.34 人。

四、性别构成

大陆 31 个省、自治区、直辖市和现役军人的人口中，男性人口为 686 852 572 人，占 51.27%；女性人口为 652 872 280 人，占 48.73%。总人口性别比（以女性为 100，男性对女性的比例）由 2000 年第五次全国人口普查的 106.74 下降为 105.20。

五、年龄构成

大陆 31 个省、自治区、直辖市和现役军人的人口中，0～14 岁人口为 222 459 737 人，占 16.60%；15～59 岁人口为 939 616 410 人，占 70.14%；60 岁及以上人口为 177 648 705人，占 13.26%，其中 65 岁及以上人口为 118 831 709 人，占 8.87%。同 2000 年第五次全国人口普查相比，0～14 岁人口的比重下降 6.29 个百分点，15～59 岁人口的比重上升 3.36 个百分点，60 岁及以上人口的比重上升 2.93 个百分点，65 岁及以上人口的比重上升 1.91 个百分点。

六、民族构成

大陆 31 个省、自治区、直辖市和现役军人的人口中，汉族人口为 1 225 932 641 人，占 91.51%；各少数民族人口为 113 792 211 人，占 8.49%。同 2000 年第五次全国人口普查相比，汉族人口增加 66 537 177 人，增长 5.74%；各少数民族人口增加 7 362 627 人，增长 6.92%。

七、各种受教育程度人口

大陆 31 个省、自治区、直辖市和现役军人的人口中，具有大学（指大专以上）文化程度的人口为 119 636 790 人；具有高中（含中专）文化程度的人口为 187 985 979 人；具有初中文化程度的人口为 519 656 445 人；具有小学文化程度的人口为 358 764 003人（以上各种受教育程度的人包括各类学校的毕业生、肄业生和在校生）。

---

① 大陆 31 个省、自治区、直辖市和现役军人的人口数据不包括居住在境内的港澳台居民和外籍人员。

② 香港特别行政区的人口数为香港特别行政区政府提供的 2010 年底的数据。

③ 澳门特别行政区的人口数为澳门特别行政区政府提供的 2010 年底的数据。

④ 台湾地区的人口数为台湾地区有关主管部门公布的 2010 年底的户籍登记人口数据。

⑤ 家庭户是指以家庭成员关系为主、居住一处共同生活的人组成的户。

同2000年第五次全国人口普查相比，每10万人中具有大学文化程度的由3 611人上升为8 930人；具有高中文化程度的由11 146人上升为14 032人；具有初中文化程度的由33 961人上升为38 788人；具有小学文化程度的由35 701人下降为26 779人。

大陆31个省、自治区、直辖市和现役军人的人口中，文盲人口（15岁及以上不识字的人）为54 656 573人，同2000年第五次全国人口普查相比，文盲人口减少30 413 094人，文盲率①由6.72%下降为4.08%，下降2.64个百分点。

八、城乡人口

大陆31个省、自治区、直辖市和现役军人的人口中，居住在城镇的人口②为665 575 306人，占49.68%；居住在乡村的人口为674 149 546人，占50.32%。同2000年第五次全国人口普查相比，城镇人口增加207 137 093人，乡村人口减少133 237 289人，城镇人口比重上升13.46个百分点。

九、人口的流动

大陆31个省、自治区、直辖市的人口中，居住地与户口登记地所在的乡镇街道不一致且离开户口登记地半年以上的人口为261 386 075人，其中市辖区内人户分离的人口③为39 959 423人，不包括市辖区内人户分离的人口为221 426 652人。同2000年第五次全国人口普查相比，居住地与户口登记地所在的乡镇街道不一致且离开户口登记地半年以上的人口增加116 995 327人，增长81.03%。

十、登记误差

普查登记结束后，全国统一随机抽取402个普查小区进行了事后质量抽样调查。抽查结果显示，人口漏登率为0.12%。

【理论指导】

一、统计的概念

（一）统计的含义

在中国古代，统计一词仅仅有数字总计的意思。现代含义的统计，大约是在20世纪初传到中国来的。统计有社会经济统计和数理统计之分。本书主要侧重于社会经济统计，简称统计。

就目前而言，统计一词一般有三种不同的含义，即统计工作、统计资料和统计学。

统计工作，就是统计实践活动，是指利用科学方法，对社会经济现象的数量方面的信息资料进行搜集、整理和分析工作过程的总称。

统计资料，是统计实践活动过程所取得的反映国民经济和社会现象的各项数字资料

---

① 文盲率是指大陆31个省、自治区、直辖市和现役军人的人口中15岁及以上不识字人口所占比重。

② 城乡人口是指居住在我国境内城镇、乡村地域上的人口，城镇、乡村是按2008年国家统计局《关于统计上划分城乡的规定》划分的。

③ 市辖区内人户分离的人口是指一个直辖市或地级市所辖的区内和区与区之间，居住地和户口登记地不在同一乡镇街道的人口。

以及与之相关的其他资料的总称。统计资料包括观察、调查的原始资料和经过整理、加工的系统资料。

统计学，是关于认识客观现象总体数量特征和数量关系的科学。其中，应用逻辑推理的方法研究抽象的随机现象的数量规律性的科学称为理论统计学，而应用统计方法研究各领域客观现象的数量规律性的科学称为应用统计学。社会经济统计学则是关于国民经济和社会现象数量方面的调查、整理、分析的原理、原则和方式方法的科学，按其性质它属于应用统计学。统计学是研究统计工作规律和方法的科学，是统计工作成果和经验的理论概括。

统计工作、统计资料、统计学有着不同的内容和含义，但又相互联系、密不可分。统计资料是统计工作的成果，统计学是统计工作实践经验的理论概括，反过来它又是指导统计工作的原理、原则和方法。三者是相互关联、理论与实践的辩证统一体。统计应是统计资料、统计工作、统计学的概括。

（二）统计学的研究对象和特点

统计学的研究对象是指统计研究所要认识的客体。只有明确了研究对象，才可能根据它的性质特点提出相应的研究方法，达到认识对象客体规律性的目的。统计学是研究社会经济现象数量方面的理论和方法，其研究对象是社会经济现象总体的数量特征和数量关系。

应该指出，并不是任何一种数量都可以作为统计学的研究对象，在社会科学中也不是只有统计学是研究数量的。统计学所研究的数量有自己的特点。

1. 数量性

统计离不开数字，数字是统计的语言。统计发展的历史告诉我们，统计学的首要特征是数量性。社会经济现象的数量方面包括数量的多少、现象之间的数量关系和引起现象质量互变的数量界限。通过它们来说明社会经济现象的规模、水平、速度、结构和各种比例关系。例如，2012 年全年国内生产总值 519 322 亿元，按可比价格计算，比上年增长 7.8%。分季度看，一季度同比增长 8.1%，二季度增长 7.6%，三季度增长 7.4%，四季度增长 7.9%。分产业看，第一产业增加值 52 377 亿元，比上年增长 4.5%；第二产业增加值 235 319 亿元，增长 8.1%；第三产业增加值 231 626 亿元，增长 8.1%。这些都表明了 2012 年我国国内生产总值的发展变化情况。

任何社会经济现象都有质和量两个方面。一方面，质决定量，不同质的事物具有不同的数量界限。另一方面，量反映质，没有数量也就没有质量。量变超过一定的界限，事物的质就会改变。统计学所研究的数量方面，不是纯数量的研究，而是在质与量的辩证统一中进行研究。例如，要计算国内生产总值指标，首先要对国内生产总值所反映的国民经济总量有一个基本认识。基于这种认识，才能正确界定国内生产总值的计算口径、范围和计算方法，才能得出较为准确的国内生产总值的数据。

2. 总体性

统计认识事物的量，是总体现象综合的量。总体是由具有某种相同性质的许多个别事物组成的。这就要求对其中一个一个的个别事物进行观察，只有对大量的个体的综合研究分析，才能发现事物发展变化的趋势和规律。但是，对大量个别事物的观察分析只是手段，目的是要得到这类事物发展变化的规律。如统计研究商品价格不是研究某件具体商品的价格，而是要研究一定时间内全部商品或某类商品价格的综合变动，是以全部商品或某类商品的价格作为总体来对待的。

统计研究是从调查登记个别事实开始，离开了个别事实的数量表现，也就不可能有综合的数量特征。统计研究从个别的具体数量归纳出社会经济现象的总规模、总水平，并由此决定现象的比例关系和总趋势。统计也不排斥对个别典型事物的深入研究，对个别具有代表性的典型单位作具体分析，了解现象的内在联系和变动情况，这样也是为了更加深刻地认识总体现象的规律性。

3. **具体性**

社会经济现象的数量方面，是具体事物在一定时间、地点、条件下的数量表现，是具体事物的数量，不是抽象的量，这是统计学与数学的一个重要区别。数学所研究的是脱离了具体对象的数量关系，具有高度的抽象性。如2011年全国粮食总产量达到57 121万吨，创造了新的历史纪录，比2010年增产2 473万吨，增长4.5%。这里57 121万吨和2 473万吨都是具体的量而不是抽象的量。

4. **社会性**

统计学的社会性特点来自社会经济现象，社会经济现象是人类社会经济活动的条件、过程和结果。所有的统计数字总是与人们的利益相关的，反映着人们之间的相互关系。统计研究就是通过数量特征和数量关系反映物质资料的占有关系、分配关系和交换关系，以及其他社会关系的特点和实质。

由于统计研究对象的社会性，所以从事统计调查和分析常常有不同的立场、观点以及运用不同的方法的分歧。在我国，国家利益、集体利益与个人利益之间，整体利益与个人利益之间的矛盾还存在，这种矛盾还会反映到统计数字的真实性上来。为了做到如实反映情况，防止弄虚作假，保证统计数字的真实性，《统计法》和有关文件提供了法律与行政保障，以充分发挥统计的作用。

二、统计工作过程和研究方法

（一）统计工作过程

统计工作是从数量方面对社会经济现象进行调查研究活动的工作。这种调查研究的工作过程，也就是人们对客观事物的认识过程。随着客观事物的不断变化，统计活动将不断进行，但就一次统计活动而言，一个完整的统计工作过程可以分为统计设计、统计调查、统计整理和统计分析四个阶段。但是由于统计设计的内容不多，也有将其归入统计调查阶段，所以学术界也有将统计工作过程分为统计调查、统计整理和统计分析三个阶段。

统计设计是统计工作的准备阶段，是指根据统计研究对象的性质和目的，对统计工作的各方面、各环节所作的通盘考虑和安排。此阶段的工作需要确定调查对象的范围，规定所反映对象的统计指标、指标体系、分组方法等。

统计调查是按照预定要求，采用科学的方法，有计划、有组织地向调查单位搜集调查资料的工作阶段。它是统计定量认识的开始，是搞好统计整理和统计分析的前提。

统计整理是依据研究目的，将统计调查取得的资料进行审核、分组、汇总，为统计分析提供系统化、条理化的反映总体特征资料的工作阶段，它是统计调查的继续，又是统计分析的前提，起着承前启后的作用。

统计分析是统计工作的最后阶段，它是运用各种统计分析方法，将统计整理的综合资料对比研究，找出事物的特征和发展规律的工作阶段。

统计工作从统计设计开始，经过统计调查、统计整理到统计分析的全过程，是统计认识从感性阶段逐步上升到理性阶段的过程。四个阶段是前后紧密相连的一个整体，各个环节有时是交叉进行的。在设计阶段，为了使设计的内容更符合客观实际，也作一些试点调查。在统计调查时，也需根据情况作些分析。在统计整理过程中，当发现资料不全时，需要补充调查，以取得全面的资料。统计分析亦是如此。所以，统计工作的调查与研究不能截然分开，在统计调查中有分析研究，在分析研究中也有调查。

（二）统计研究方法

在统计工作实践经验的基础上，经过逐步概括和总结，统计形成了一系列专门的研究方法。

1. 大量观察法

大量观察法是指对社会经济现象中的全部单位或足够量单位的特征进行调查和分析的方法。它是统计调查的基本方法。统计研究要运用大量观察法，是由研究对象的大量性和复杂性所决定的。因为统计研究的目的在于认识社会经济现象的本质和规律，而现象是复杂的，各个调查单位之间客观上存在着差异，个别单位或少数单位的情况难以反映总体现象的特征和规律，这就需要对社会经济现象从总体上观察，以消除个别单位的偶然影响，正确地反映出总体现象的本质和规律。统计对现象总体进行大量观察，并不排斥对个别典型单位的调查研究。大量观察与个别研究相结合，可以使调查工作更深入扎实。

2. 统计分组法

统计分组法是指根据事物内在的性质和统计研究任务的要求，将总体各单位按照某种标志划分为若干组成部分的一种研究方法。如对人口按年龄分类、对企业按经济类型分类等。通过统计分组可以研究总体中不同类型的性质以及它们的分布情况；可以研究总体中的构成和比例关系；可以研究总体中现象之间的依存关系。分组法在统计研究中的应用是非常广泛的，在统计设计和统计调查时，需对社会经济现象的类型加以分组，以便确定调查范围和调查对象。搜集了调查资料后，又需运用统计分组方法，对资料加工整理，以便对比分析。

3. 综合指标法

综合指标法是指运用各种综合指标，对大量社会经济现象的数量方面进行综合分析，概括地表明它的一般特征的方法。在统计研究中，广泛运用着各种综合指标法。如能表明社会经济现象的规模、水平、比例关系的绝对指标、相对指标、平均指标；还有用来探讨总体内部的各种数量关系，揭露矛盾，发现问题，进一步寻找解决问题的方法的动态数列、统计指数、相关与回归分析等综合分析的方法，是在综合指标的基础上的进一步加强和发展。

综合指标法和统计分组法是密切联系相互依存的。统计分组如果没有相应的统计指标来反映现象的规模水平，就不能揭示现象总体的数量特征；而综合指标如果没有科学的统计分组，就无法划分事物变化的数量界限，掩盖了现象的矛盾，成为笼统的指标。所以综合指标法和统计分组法总是结合起来应用的。

4. 统计模型法

统计模型法是根据一定的经济理论和假定条件，用数学方法去模拟现实经济现象相互关系的一种研究方法。利用这种方法可以对社会经济现象和过程中存在的数量关系进行比较完整和近似的描述，从而简化了客观存在的复杂的其他关系，以便于利用模型对社会经济现象的变化进行数量上的评估和预测。

统计模型法是在前三种研究方法的基础上，进一步系统化和精确化的发展。它把存在的总体内部结构、各因素的相互关系，以一定形式有机地结合起来，大大提高了统计分析的认识能力。

5. 归纳推断法

在统计研究过程中，从观察总体各单位的特征，由此得出关于总体的某种信息。这种从个别到一般，从事实到概括的推理方法，从逻辑上称为归纳法。归纳法可以使我们从具体的事实得出一般的知识，扩大知识领域，增长新的知识，它是统计研究中常用的方法。以一定的置信标准要求，根据样本资料来判断总体数量特征的归纳推理方法称为统计推断法。统计推断是逻辑归纳法在统计推断中的应用，所以也称为归纳推断法。

统计研究的几种方法中，统计分组法和综合指标法是贯穿于统计全过程的基本方法，而大量观察法又是统计分组法和综合指标法的基础，统计模型法和归纳推断法是前三种方法的进一步深化，是现代统计学的基本方法。

（三）统计的组织和管理

统计要达到认识社会的目的，不仅需要科学的方法，而且需要强有力的组织领导。

1. 统计的职能

统计工作具有信息、咨询、监督三种系统的职能。

信息职能是指统计部门根据科学的统计指标体系和统计调查方法，灵敏、系统地采集、处理、传输、存贮和提供大量的以数量描述为基本特征的社会经济信息。

咨询职能是指利用已经掌握的丰富的统计信息资源，运用科学的分析方法和先进的技术手段，深入开展综合分析和专题研究，为科学决策和管理提供各种可供选择的咨询建议和对策方案。

监督职能是指根据统计调查和分析，及时准确地从总体上反映经济、社会和科技的运行状态，并对其实行全面、系统的定量检查、监督和预警，以促使国民经济按照客观规律的要求，持续、稳定、协调地发展。

上述三种职能是相互联系、相辅相成的，统计信息职能是保证统计咨询和监督职能有效发挥的基础。统计咨询职能是统计信息职能的延续和深化。而统计监督职能则是信息、咨询职能基础上的进一步拓展，并促进统计信息和咨询职能的优化。统计工作只有发挥了信息、咨询和监督三者的整体职能，才能提供优质的服务。

2. 统计的组织

统计的组织必须贯彻集中统一的原则，在全国范围内建立统一的统计系统，执行统一的方针政策和统计调查计划，贯彻统一的统计制度和统计标准，使用统一的统计报表和数字管理制度，以及协调统计、会计、业务核算制度和核算标准及分工等。

应该指出，在社会主义市场经济条件下，不仅不会改变统计组织的集中统一原则，而且还要加强这一原则的贯彻。这是因为国家要运用经济手段对宏观经济进行调控，间接引导企业的经济行为，实现国民经济的协调和优化。客观上要求建立健全高效和集中统一的统计系统，及时地搜集丰富、准确、灵敏的统计数据和经济信息，并进行全面系统的综合分析，以便能准确地描述、评价、预测社会经济发展过程。同时，在市场经济复杂的运动中，统计监督职能显得更加重要，如果没有集中统一的、强有力的统计系统，这些职能是难以发挥的。

统计组织的集中统一原则也和统计工作本身的特点相联系。统计是一种具有严密组织，同时由广大专职统计人员和群众参与的工作。每项统计资料都是经过大量的调查、整理并逐级汇总计算出来的。统计工作必须有统一的计划和步骤，统一的制度和方法，统一的组织和领导，才能保证统计工作的顺利开展。

我国集中统一的统计系统由各级政府部门的综合统计系统，各级业务部门的专业统计系统，以及城乡基层组织企业单位的统计组织所组成。

(1) 综合统计系统。各级政府部门的综合统计系统是由国家统计局和地方各级统计机构所组成，是我国国家统计组织的主系统。

(2) 专业统计系统。我国专业统计系统是由中央及地方各级业务部门的统计机构所组成，是我国专业统计组织的子系统。

(3) 基层单位的统计组织。基层单位统计组织包括乡镇统计组织或统计专业人员，企事业单位的统计组织或统计负责人。

3. 统计的管理

我国集中统一的统计系统，实行统一领导、分级负责的管理体制。

统计工作要实行统一领导、分级负责，首先必须明确各级和各部门统计组织的职责，其次还必须注意处理好集中统一与因地制宜的关系，国家统计与地方统计的关系，综合统计与专业统计的关系，协调好各方面的权益和责任。

社会主义国民经济核算由统计核算、会计核算和业务核算三者组成，三种核算的对象和目的有所分工，但又密切配合、互相补充，从不同的侧面共同担负着对国民经济的计算和监督任务。国务院成立国民经济统一核算标准领导小组，负责建立全国统一的、科学的国民经济核算制度，制定分类标准和重要指标的计算方法，并对统计、会计、业务核算等核算制度进行协调，使之相互衔接，以提高资料的通用性和经济信息的有效利用。这也是统计管理的重大改革和完善。

(四) 统计的法制

《中华人民共和国统计法》于 1984 年 1 月 1 日起颁布施行，1987 年 2 月统计局又发布了《中华人民共和国统计法实施细则》，对我国统计法的基本内容作了具体的规定。1996 年 5 月第八届全国人民代表大会常务委员会第十九次会议对统计法作了相应的修改重新公布，这些法规使我国统计工作走上了法制的轨道，对于科学有效地组织统计工作，保障统计资料的准确性、及时性，发挥统计在社会主义现代化建设中的服务和监督作用，提供了法律保证。

各级领导干部和统计人员应该认真执行《统计法》，全体公民应该自觉遵守《统计法》，做到有法必依、执法必严、违法必究，开创统计工作的新局面。

三、统计学的几个基本概念

统计学要用到许多概念，有几个概念是最常用的，也是非常重要的，贯穿于全书，这里先做一个简单的介绍。

（一）统计总体与总体单位

1. 统计总体

统计总体是指客观存在并在某一相同性质基础上结合起来的许多个别事物的整体，简称总体。例如，全国人口普查要了解全国的人口状况，全国人口便是统计总体。

作为统计研究对象的总体应同时具备三个特征：同质性、大量性、变异性。

同质性是指总体中每一个别单位在某一方面有共同性质，这是组成总体的根本条件。但总体的同质性并不要求总体单位在各个方面都具有共同性，而只是当统计研究的目的确定后，总体所构成的各单位在特定点上应具有共同性。如研究湖南省在校大学生的学习、生活情况，只要是湖南省的在校大学生就应该包括在内，而不管是哪个学校、哪个专业、哪个年级。

大量性是指总体必须由许多个别单位结合组成，仅仅个别单位或少数的单位结合不足以构成总体。大量性是组成总体的基本前提，总体的本质特征只有对众多的个别单位的数量特征进行综合时才能反映出来。

变异性是指同一总体的总体单位必须至少在某一方面具有共同，但在其他很多方面必须是存在差异的。这是进行统计研究的前提。如湖南省在校大学生在学校、专业、学习成绩、身高、体重等很多方面都存在差异。

一个总体中所包含的单位数是可计数的，称为有限总体。如人口数、商店个数，不论总体中包含的个别单位如何多，但其数量有限，都是有限总体。若一个总体中所包含的单位数是大量无穷的，称为无限总体。如连续生产的流水线上的零件数，只要这种零件连续生产下去，这一总体就会无限扩大下去，因而是无限总体。一般说来，对有限总体既可进行全面调查，也可进行非全面调查，而对于无限总体，则只能进行非全面调查。

2. 总体单位

总体单位是指构成总体的每个独立的个别单位，它是组成统计总体的基本单位，也是各项调查项目的直接承担者。例如，全国人口普查，每一个具体的人就是总体单位。

3. 总体和总体单位之间的关系

总体和总体单位是互为存在条件地连接在一起的，没有总体单位，总体也就不存在；没有总体，同样也就无法确定总体单位。在一次特定范围、目的的统计研究中，总体与总体单位是不容混淆的，二者的含义是确定的，是包含与被包含的关系。但是随着统计研究任务、目的及范围的变化，总体和总体单位可以相互转化。如当研究某个工业部门的企业生产情况时，这一部门所属的工业企业全体便构成一个总体，每个工业企业就是一个总体单位；但当我们要研究某一企业的生产情况时，则这个企业就成了总体，其所属的各个车间就成为总体单位。

（二）标志与统计指标

1. 标志

标志是说明总体单位属性和特征的名称。每个总体单位从不同角度考虑，都具有许多属性和特征，例如每位工人作为总体单位，他们都具有性别、工种、文化程度、年龄、工资等属性或特征。总体单位与标志的关系是十分明确的，如果没有标志就无法表现总体单位的特征；如果没有总体单位，标志也就失去了意义。所以总体单位是标志的直接承担者，标志是依附于总体单位的。

标志按照反映的总体单位内容不同，可以分为品质标志和数量标志。品质标志是反映事物质的特征的标志，如性别、文化程度等，一般用文字来表现；数量标志则是表现事物量的特性，如年龄、工资等，可以用数字来表现和计量。

无论是品质标志还是数量标志，其标志特征在总体单位上的具体表现称为标志表现。标志表现有的相同，有的不同，凡是总体中各单位的具体表现都是相同的标志称为不变标志。例如，我们研究工人这个总体时，每个工人的社会成分都是“工人”，则“社会成分”这个标志就是工人总体各单位的不变标志，这是构成总体的基础，而工人总体中其他的标志如性别、年龄、工种、文化程度等，各个工人是不尽相同的，这些就是可变标志。

2. 统计指标

统计指标是表明总体数量特征的范畴，简称指标。如 2012 年全年国内生产总值 519 322亿元，就是一个统计指标。在统计工作中，一个完整的统计指标是由指标名称、数值和计量单位所组成，表明事物质的规定性和量的规定性两个方面。

统计指标按其内容不同，可分为数量指标与质量指标。

数量指标是反映总体绝对数量多少的统计指标，一般以绝对数的形式表现。如国内生产总值、工资总额等。其特征表现在计算方法上是不同空间的数值可以相加求和，并且数量指标的数值大小随着总体范围的扩大或缩小而相应地增加或减少。由于它们表明现象的总量规模，所以又称为总量指标。

质量指标是反映总体内部数量关系和总体单位一般水平的统计指标，一般以相对数或平均数的形式出现，如平均工资、发展速度等。其特征表现在计算方法上是指标数值通过相除求商得到，并且不同空间的数值不能直接相加。质量指标数值大小与总体范围的大小没有直接关系。由于它们表明的是现象变动的相对发展程度、经济效果和工作质量，所以称为质量指标。

统计指标按其作用和表现形式不同，可分为总量指标、相对指标和平均指标，它们的含义、内容、计算方法等将在以后的有关章节中介绍。

3. 标志与指标的关系

指标与标志两者之间既有联系，又有明显的区别。

其联系表现在：

（1）许多指标的数值是由总体单位的数量标志值汇总或计算而来。数量标志可以综合为数量指标和质量指标，品质标志本身不能直接汇总为统计指标，只有对其的标志表现所对应的单位进行总计时，才形成统计指标，也并非是质量指标，而是数量指标。

（2）随着研究目的不同，指标与标志之间可互相转化。即当原来的总体变为总体单位时，相应的指标就变成标志，反之，则相应的标志就变成了指标。

其区别表现为：

（1）指标与标志的概念不同。标志是说明总体单位的，一般不具有综合的特征；指标是说明总体的综合数量特征的，具有综合的性质。

（2）指标分为数量指标和质量指标，它们都是可以用数值来表示的；标志分为数量标志和品质标志，数量标志可以用数值表示，品质标志只能用文字表示。

（三）变异与变量

1. 变异

变异和变量都是统计中的重要概念，必须在概念上要明确，在运用中要防止误用。对于变异的概念，上面曾经谈到，标志可分为不变标志和可变标志，可变标志是指总体单位的标志不论是品质标志还是数量标志，它们的具体表现是不同的，相互之间存在着差异，因此，可变标志存在的差异就称为变异，包括质的差异和量的差异。如职工性别标志表现为男与女的质的差异，年龄标志表现为18岁、19岁、20岁等量的差异。至于不变标志，其总体单位间的标志表现是相同的，因此不存在差异，也就不存在变异。在统计的对象中，变异是普遍存在的，这是统计的前提条件。统计是研究变异的，有变异才有统计，如果没有变异，那就用不着统计了。

2. 变量

可变的数量标志叫变量，可变的数量标志的具体表现叫变量值，也称标志值。如某班学生年龄是18岁、19岁、20岁……则“年龄”是变量，18岁、19岁、20岁是变量值。而可变的品质标志只存在变异，它不能用数值表现，所以不是变量。

变量按变量值的连续性可分为连续变量和离散变量。连续变量的数值之间是连续不断的，不能以整数位断开的，相邻数值之间可进行无限分割。如身高、体重、年龄、销售额等，都属于连续变量。比如身高175.26 cm、体重62.8 kg、年龄19.5岁、销售额50.58万元。只是在统计工作中，通常对有些变量值的精确度要求不是那么高，人们常把“身高”“体重”“年龄”等一类连续变量近似地看做离散变量，只取整数。连续变量的数值可用测量或计算的方法取得。离散变量的各变量值之间可以用整数位断开。如人数、机器台数、商店数等，都是按整数算，不可能有小数。离散变量的数值只能用计数的方法取得。

变量按性质可分为确定性变量和随机变量。确定性变量是指该变量是由基本因素引起的，其数值能够在事先被确定下来。例如，在有奖销售中，设“一等奖”一名、“二等奖”三名，“中奖人数”就是确定性变量。随机变量是指在相同条件下由偶然因素引起，在一定范围内可能取各种不同的值，事先无法确定。如在有奖销售中，“中奖号码”是随机变量。统计研究的事前情况，多是随机变量，如“明年的销售额”；统计研究的事后情况，则是确定性变量，如“去年的销售额”。

【复习与思考】

1. 怎样理解统计的不同含义？它们之间的关系如何？

2. 统计研究的基本方法有哪些？

3. 统计的职能是什么？各职能之间的关系怎样？

4. 什么是总体和总体单位？试举例说明。

5. 品质标志和数量标志有什么区别？

6. 品质标志和质量指标有何不同？

7. 为什么说总体、总体单位、标志等概念是相对的？

8. 统计指标与标志有什么区别和联系？

9. 什么是数量指标？什么是质量指标？

【实训项目】

1. 下面是一些指标：

(1) 2012 年全年国内生产总值 519 322 亿元，按可比价格计算，比上年增长 7.8%。

(2) 2012 年全年城镇居民人均总收入 26 959 元。其中，城镇居民人均可支配收入 24 565元，比上年名义增长 12.6%；扣除价格因素，实际增长 9.6%，增速比上年加快 1.2 个百分点。

(3) 2012 年 12 月份居民消费价格变动情况，2012 年 12 月份，全国居民消费价格总水平同比上涨 2.5%。

(4) 某企业职工收入水平达到 10 万元。

试判断哪些是数量指标，哪些是质量指标，为什么？请指出一个完整的指标具体要由哪些部分构成？

2. 2010 年是人口普查年，请确定人口普查的总体、总体单位、标志（品质标志、数量标志）、指标（数量指标、质量指标）、变量（离散型变量、连续型变量）、变量值，要求分别列出 5 个以上的标志、指标、变量。

任务二

统计调查

【任务目标】

知识目标：

1. 了解统计调查的概念和种类。
2. 了解统计调查方案、内容，掌握调查问卷的类型和结构。
3. 理解并掌握统计调查的方法。

能力目标：

1. 制定统计调查方案。
2. 应用各种统计调查方法。
3. 设计整体调查问卷。

【案例导入】

长沙市蓝月亮洗衣液市场调查方案

一、前言

目前，市场上销售的日化品种多样，让人眼花缭乱，尤其是洗衣液市场。由于它是日常必需品，所以需求量非常大，希望通过此次长沙市蓝月亮洗衣液的消费行为调查，了解长沙市蓝月亮洗衣液的销售情况、蓝月亮洗衣液的市场占有率，明确洗衣液市场的发展深度与广度，为销售蓝月亮洗衣液的商家提供真实可信的决策依据。

二、调查目的

了解长沙市蓝月亮洗衣液的销售情况，蓝月亮洗衣液的市场占有率，明确洗衣液市场的发展深度与广度，为商家提供一份可靠的决策材料。

三、调查范围

长沙市各大城区。

四、调查对象

长沙市各大社会群体，主要包括：学生群体、工薪族、老年群体。

五、调查方法

问卷式调查（附问卷样本）。

六、调查时间

2016年6月25日至6月29日（共五天）。

七、调查内容（即调查问卷内容）

八、具体实施

1. 问卷数量根据调查的对象数目而定，约200份（打印）。

2. 本小组共五人，每人需完成40份问卷的调查并做好相应的问卷整理工作。

3. 调查小组人员名单：余梦江、汤文玉、徐小分、杨宇兴、李翔。

4. 问卷发放区域及问卷分配：长沙市各高校共发50份；长沙市天心区、雨花区：100份；长沙市各种老年人聚集点：50份。

5. 调查总体：200人。

调查个体特征：

（1）学生群体：就读于不同高校本专科学生，各学生在不同的系部与年级；调查学生人数男女各半。

（2）工薪族：长沙市各城区；工作种类不同；年龄不同。

（3）老人族：还有洗衣能力的老年人；自主购买洗衣液的老年人。

6. 小组各成员于2016年6月25日至6月29日共五天开始实施调查。

7. 2016年6月30日小组成员一起讨论、整理、分析资料。

8. 2016年7月1日至7月2日小组成员每人各写一份相关的调查报告并打印。

9. 2016年7月3日交调查报告至学习委员处，并总结交流经验，填写实训报告表。

九、附表

长沙市蓝月亮洗衣液消费调查问卷

您好！为了了解蓝月亮洗衣液在长沙市场的销售情况，明确蓝月亮洗衣液在消费者心中的地位，现做一份市场调查，您的参与对调查将有很大的帮助。希望您客观地回答以下问题，并请在您认可的答案前打“√”。谢谢！

答卷者信息：

性别：　　　　　　年龄：　　　　　　　　职业：

答卷时间：

1. 您平时洗衣服用的是什么品牌的洗衣液？

A. 立白　　B. 雕牌　　C. 汰渍　　D. 蓝月亮　　E. 其他

2. 购买洗衣液时，您认为哪些功能是必需的？

A. 清洁　　B. 除污渍　　C. 加香型　　D. 其他功能

3. 您是否会介意洗衣液是外地企业或是本地企业生产的？
A. 是　　B. 否

4. 请问您愿意购买蓝月亮洗衣液的原因是什么？
A. 质量好　　B. 价格合理　　C. 有名气　　D. 方便买到

5. 您决定购买蓝月亮洗衣液的过程是否会受到其他人的影响？
A. 是　　B. 否

6. 一个月当中，你什么时候购物比较集中？
A. 月初　　B. 月中　　C. 月底　　D. 其他时间

7. 购买当日，您喜欢什么时候购物？
A. 上午　　B. 中午　　C. 下午　　D. 晚上

8. 您一般多久才去购买一次洗衣液？
A. 一周　　B. 半个月　　C. 一个月　　D. 一个月以上

9. 请问您购买蓝月亮洗衣液时会去哪些类型的商店？
A. 大型百货购物中心　　B. 小型百货商店
C. 市场批发部　　D. 小摊点

10. 购买洗衣液时，请问您是怎么决定购买品牌的？
A. 在家里预先决定　　B. 在商店里临时决定
C. 在去商店的路上决定　　D. 销售员帮您做决定

11. 一般每次去购买洗衣液时您会购买多少？
A. 一袋（瓶）　　B. 二至五袋（瓶）　　C. 五袋（瓶）　　D. 五袋（瓶）以上

12. 请问您最喜欢哪种规格的洗衣液包装？
A. 大型　　B. 中型　　C. 小型　　D. 不介意大小

13. 蓝月亮洗衣液的去污能力强、加香型等特性对于您购买它时，重要程度如何？
A. 非常重要　　B. 有点重要　　C. 一般　　D. 不重要

14. 请问您知道哪些品牌的洗衣液？（由调查员记录）

15. 请问您是从哪里了解到蓝月亮洗衣液的？
A. 家庭成员　　B. 朋友或同事　　C. 广告　　D. 商场

16. 请问您在哪里看过蓝月亮洗衣液的商品广告？
A. 电视　　B. 广播　　C. 报纸　　D. 商场

17. 请问您一年中使用洗衣液最多是哪个季节？
A. 春季　　B. 夏季　　C. 秋季　　D. 冬季

18. 您认为蓝月亮洗衣液在哪些方面还应该改进？
A. 质量　　B. 包装　　C. 价格　　D. 销售点

19. 除蓝月亮洗衣液外，您还会购买其他品牌的洗衣液吗？
A. 会　　B. 不会　　C. 看情况而定

20. 如果下次再购买洗衣液，您还会购买蓝月亮洗衣液这个品牌吗？为什么？（由调查员记录）

【理论指导】

一、统计调查的概念和种类

（一）统计调查的概念

统计调查是根据统计研究的目的和任务，运用科学的调查方法，有组织地、有计划地、系统地向客观实际搜集统计资料的工作过程。

搜集资料的工作一般有两种：一种是对原始资料的搜集，即对调查单位的情况进行调查以取得第一手资料。另一种是对次级资料的搜集，即对已经加工过的资料进行搜集，如从统计年鉴、会计报表、报刊上有选择地搜集资料。

统计调查在统计研究中占有极其重要的地位，是统计工作的基础环节。统计调查工作的好坏，将直接影响到以后各个阶段工作的好坏，影响整个统计工作任务的完成。

（二）统计调查的基本要求

统计调查的基本要求是准确性、及时性、全面性。准确性是指提供的统计调查资料要符合客观实际，真实可靠。及时性是指填报单位要在规定的时间内完成统计调查工作并提供调查资料。全面性包括两方面内容：一是调查单位的全；二是调查项目（内容）的全。按照调查任务要求，做到统计资料全面、系统、毫无遗漏。统计调查的准确性、及时性、全面性之间存在着密切的联系，准确性是统计调查工作的基础，要在准中求快、准中求全，不能有丝毫的马虎疏忽。

（三）统计调查的种类

1. 按调查对象包括的范围不同，可分为全面调查和非全面调查

全面调查是对调查对象的所有单位一一进行调查，如人口普查、工业普查、农业普查、经济普查等。全面调查主要包括普查和全面统计报表。其目的是取得全面的、完整的统计资料，但它涉及面广，组织复杂，要耗费大量的人力、物力、财力和时间，因此，一般适用于有关反映国情国力的重要统计指标的调查。

非全面调查是对调查对象的一部分单位进行调查。有时为了经济方面的考虑，对既可用全面调查也可用非全面调查的，则用非全面调查；还有些调查只能用非全面调查，如在工业产品质量检验中，有些是具有破坏性和消耗性的，如灯泡的寿命检验只能从中抽取一部分产品来检验，而不能对全部产品都进行检验。非全面调查主要有重点调查、典型调查、抽样调查。

2. 统计调查按调查登记的时间是否连续，可分为经常性调查和一次性调查

经常性调查是连续性调查，它是随着调查对象发生的变化而进行的连续不断地登记，以了解事物在一定时期内发生、发展的全部过程。例如，产值、产品产量、原材料消耗量、商品销售额等经常变动的指标。随着生产、销售过程的变化必须连续地经常地进行登记，以反映事物发展变化的全过程。

一次性调查是不连续性调查，它是指间隔一段时间才对调查对象进行的调查，以了解事物在一定时点上的状况。如企业职工人数、设备数量、固定资产价值等指标。

经常性调查是定期进行的，而一次性调查一般是不定期的，根据统计研究目的来确定调查时间。

3. 统计调查按调查的组织形式不同，可分为统计报表制度和专门调查

统计报表制度是指国家统计部门和各个业务部门，按照统一规定的表格形式、统一的指标和内容、统一的报送程序和时间，自下而上逐级提供统计资料的一种报告制度。

专门调查是为了解和研究某项问题而专门组织的一种调查。这种调查形式大多是一次性调查。专门调查根据其形式不同又分为普查、重点调查、典型调查和抽样调查四种。

4. 统计调查按搜集资料的方法不同，可分为直接观察法、访问法、报告法和问卷法等

直接观察法是由调查人员直接到现场对被调查对象直接观察和计量，以取得资料的一种调查方法。其具体做法有调查人员到现场直接观察被调查对象的直接观察法；利用各种仪器对被调查对象的行为进行测录的行为记录法；还有通过一定的途径，观察事物发生变化后的痕迹，收集有关信息的痕迹观察法等。

访问法也称访谈法是访问者应用口头交谈的方式，向被访问者提出问题，由被调查者回答，以此了解现象的实际情况，搜集有关资料，获得信息的一种方法。根据一次访问人数的多少，访问法可分为个别访问和集体访问。

报告法是指由报告单位利用原始记录和核算资料作基础，依据统计报表格式的要求，按照隶属关系，逐级向有关部门提供资料的一种调查方法。目前，我国各企事业单位向上级递送的统计报表，就属于报告法。

问卷调查法，是指根据统计调查的要求，将调查项目编制成调查问卷，以回收的问卷来收集资料的一种方法。

二、统计调查方案

统计调查是一项复杂细致的工作，为了保证统计调查工作的顺利进行并达到预期的目标，在进行统计调查前，必须制定一个科学可行的统计调查方案作为指导性文件，才能做到统一认识、统一内容、统一方法、统一行动。一个完整的统计调查方案应该包括以下几方面的内容。

（一）确定调查目的和任务

在制订调查方案时，首先要确定调查目的和任务。确定调查目的，就是明确为什么要进行调查，调查要解决什么问题，这样才能进一步确定调查的内容和范围以及采用的方式方法。目的不明，任务不清，就无法确定向谁调查，调查什么，怎样调查，整个调查工作就会陷入盲目混乱，造成人力、物力、财力的浪费。

（二）调查对象、调查单位和报告单位

确定调查对象和调查单位，是为了回答向谁调查、由谁来具体提供调查资料的问题。确定调查对象和调查单位，必须以调查目的为依据。

调查对象是在进行调查中需要调查研究的某现象的总体，它是由性质上相同的许多调查单位组成的。调查单位是所要调查的现象总体中的个体，也就是调查对象中所要调查的具体单位，它是调查项目的承担者。例如，为了研究全国工业企业的基本情况，全国所有的工业企业就是调查对象，而每一个工业企业则为一个调查单位。

报告单位是指在统计调查中负责填报调查资料的单位。在实际工作中要注意不要把调查单位和报告单位相混淆，报告单位一般在行政上、经济上具有一定独立性，而调查单位是调查项目的直接承担者，可以是人或企事业单位，也可以是物。由于调查目的的不同，两者有时一致，有时不一致。例如，在工业企业普查中，每一个工业企业既是调查单位又是报告单位，两者是一致的；而在工业企业设备普查中，调查单位是工业企业中的每一台设备，报告单位则是每一个工业企业，两者不是一致的。

（三）确定调查方式和方法

调查目的和范围确定后需要确定适当的调查方式和方法，即确定采用何种组织方式进行调查，以及采用什么方法取得资料。社会经济现象情况复杂，采用单一的调查方式或方法往往达不到既定目的，必须根据调查对象的特点和需要，将多种调查方式和方法结合起来，才能搜集到所需的资料。

（四）确定调查项目，设计调查表

确定调查项目就是要对调查单位登记哪些标志，即要调查什么内容。确定调查项目应根据调查目的和调查单位的特点而定，具体地说，确定调查项目要注意：(1) 取得资料的必要性和可能性，即调查项目只应列出切实满足调查目的而又可能得到答案的内容，答案的表示形式有文字式、是否式、数字式三种，对数字式还应标明计量单位。(2) 解释的统一性，即对各调查项目的表述必须明确、易懂、统一，不能模棱两可，避免引起误解而造成登记的差错。(3) 项目间的衔接性，即调查项目之间彼此联系和衔接，以便有关项目之间彼此相互核对和对错误的检查，提高调查资料的质量。(4) 时间

上的可比性，即本次调查项目与过去同类项目尽可能一致，以便进行动态对比，研究发展变化。

调查项目通常按一定顺序排列在一定的表格上形成统计调查表。调查表是调查项目的表现形式，它是统计调查中搜集原始资料的重要工具。调查表有单一表和一览表两种基本形式。单一表是在一张调查表上只登记一个调查单位的有关项目的调查表。它的优点是每张调查表可容纳较多的调查项目，适用于较深入细致的调查，如学生档案表。一览表是在一张调查表上登记多个调查单位的有关项目的调查表，由于多个单位集中在一张表中，调查项目就不宜太多，如学生花名册。

（五）确定调查时间和空间

调查时间包括两个方面的内容：一是指调查资料所属的时间，即登记的各项数字资料发生的时间。当调查的资料是时期现象时，调查的时间就要规定资料所属的时间范围。如调查某商业企业某年5月份商品销售额，就要登记该年该月1日至31日全部商品销售额。当调查的资料是时点现象时，就必须统一规定调查的标准时点，一般称为标准时间。如我国第五次人口普查的标准时间是2000年11月1日零时。二是调查工作进行的时间，就是规定调查工作的开始时间和完成时间，即调查期限或调查时限。规定调查期限，一要考虑调查内容的复杂程度；二要保证调查资料的时效性；三要考虑现象本身的特点。调查空间是指统计调查在什么地区进行，在多大的范围内进行。调查空间的选择要有利于达到调查目的，有利于搜集资料工作的进行，有利于节省人力、物力和财力。

（六）制定调查工作的组织实施计划

为了保证调查工作的顺利进行，在调查方案中还必须制定调查工作的组织实施计划，其内容主要包括：（1）调查工作的组织领导机构和调查人员的组成；（2）调查前的准备工作，包括宣传教育，人员培训，调查文件的准备及试点工作等；（3）调查资料的报送方法；（4）调查经费的预算和开支办法；（5）调查结果的提交或公布时间。

三、统计调查方式与方法

（一）统计报表

1. 统计报表制度

统计报表制度是指按照国家或上级主管部门统一规定的表格形式、统一的指标和内容、统一的报送程序和报送时间，自下而上逐级提供统计资料的一种调查方式，是国家对国民经济实行宏观调控和业务指导而建立的统计报告制度。

统计报表所包括的范围比较全面，项目比较系统，分组比较齐全，指标内容和调查周期相对稳定，是我国定期搜集基本资料的一种重要组织形式。

2. 统计报表的种类

（1）按统计报表的内容和实施范围分类。统计报表按其内容和实施范围不同，分为国家统计报表、业务部门统计报表和地方统计报表。

国家统计报表是国民经济基本统计报表，是由国家统计局根据国家统计调查项目和统计调查计划相应制定，在全国范围内实施。

业务部门统计报表是根据有关部门统计调查项目和统计调查计划相应制定，只在本系统内实施，用来搜集有关部门的业务技术资料。

地方统计报表是根据地方统计调查项目和统计调查计划相应制定，用来满足地方的专门需要，只在本地区有关单位实施。

业务部门统计报表和地方统计报表都是国家统计报表的补充。

（2）按报送周期分类。统计报表按报送周期长短不同，分为日报、旬报、月报、季报、半年报和年报。日报、旬报为短期报表，时效性强，但内容少，指标粗，也叫进度报表；月报、季报为中期报表，周期稍长，主要用于计划的检查；半年报和年报是长期报表，其中年报周期最长，是全年的总结性报表，具有指标多、分组细、统计范围广的特点。

（3）按报送方式分类。统计报表按报送方式不同，分为电信报表和邮寄报表。电信报表是采取电话、电报、电传等方式报送的资料。一般日报、旬报要求迅速上报，通常用电信方式上报；月报、季报、半年报和年报一般都通过邮寄报送。

（4）按填报单位分类。统计报表按填报单位不同，分为基层统计报表和综合统计报表。基层统计报表是由基层企事业单位根据原始记录汇总整理编报的统计报表；综合统计报表是由各级国家统计部门和业务主管部门根据基层报表汇总整理编报的统计报表。

（5）按调查范围分类。统计报表按调查范围不同，分为全面统计报表和非全面统计报表。全面统计报表要求调查对象中的每一个单位都填报；非全面统计报表只要求调查对象中的一部分单位填报。

3. 统计报表的内容

统计报表主要包括报表目录、表式和填表说明等。

报表目录是说明要求报送的表号、表名、报告期、填报单位、报出日期等有关填报和报送要求的一览表。

表式是由国家统计部门根据任务与目的而专门设计制定的统计报表表格，用于搜集各项统计资料，它是统计报表的主体。表格中包括填报的指标项目和其他内容。每张表列有表名、表号、审批单位、制表单位、批准文号、填报单位、报出日期，以及报送单位负责人和填表人的签章等。

填表说明是对统计报表的统计范围、指标、填写要求、有关数据的计算方法等作出的规定。填报范围即统计报表的实施范围，它明确规定每种统计报表的报告单位和填报单位及各级统计部门和主管部门的综合范围。指标解释是对列入表式的统计指标的口径、计算方法、计算中应注意的问题，以及其他有关问题的具体说明，保证资料的准确性。分类目录是有关指标主栏中应进行填报的有关项目分类，如工业部门分类目录、工业产品目录等。其他有关事项的规定，包括报送日期、受表机关、报送方式、报送份数等应注意的事项。

4. 统计报表的资料来源

统计报表的资料来源于基层单位的原始记录。从原始记录到统计报表，中间还要经过统计台账和企业内部报表。

原始记录是基层单位通过一定的表格形式，对生产经营活动的具体内容和状况所进行的最初的数字和文字的记载。如出勤记录、工时记录、领料单、销售票据等。原始记录是填报统计报表和进行经济的基础资料，直接影响统计报表的质量。设置原始记录应注意：(1) 根据本单位的生产经营特点和实际需要进行设置；(2) 与业务核算和会计核算协调一致进行设置；(3) 原始记录项目要简明易懂，便于填表人准确填写。

统计台账是基层单位根据编制统计报表和本单位经营管理的需要，按时间顺序设置的一种系统积累统计资料的表册。如设备台账、工时台账、产品台账等。统计台账能把分散的、不断发生的原始记录积累起来，使之分门别类且条理化、系统化，既有利于填报统计报表，又可保证统计报表的质量。

内部报表是基层单位编制的用以反映企业内部车间或班组一定时期内生产、劳动、设备、原材料和财务成本的情况及综合成果的报表，是编制企业统计报表、制订计划、指导生产的依据。

（二）专门调查

1. 普查

(1) 普查的意义。普查是一种专门组织的一次性全面调查，它主要用来搜集不适宜于用定期的全面统计报表搜集的统计资料，如人口普查、工业普查、农业普查等，也可用来搜集那些反映国情国力的基本情况，但又不是经常变动的统计资料或用以核对定期统计报表数字，如耕地面积普查、物资库存普查等。通过普查可以系统地掌握国家的人力、物力、财力资料及其利用的详细情况，对于制定国民经济与社会发展的长远规划、安排人民物质和文化生活都具有重要的意义。

普查主要用于调查一定时点上的社会经济现象总量。由于进行一次普查需要动用大量的人力、物力、财力和时间，工作量大，涉及面广，组织工作比较繁重复杂，因此，普查不像定期报表那样制度化、经常化，一般不宜经常进行。

(2) 普查的组织。普查规模大、范围广、要求高，因此，其组织工作必须认真细致，通盘考虑。

①建立统一的专门的普查机构，并配备一定的专门人员，对广大群众进行广泛的宣传动员；②设计和颁布普查方案；③做好物资准备，如印刷普查文件、表格，配备汇总工具等；④组织普查试点，特别是重大的普查，还应该层层试点，总结经验，修订普查工作规程，培训干部；⑤对各个环节进行严格的质量控制，逐级负责，层层把关，以保证普查资料的高质量，并应事后进行抽查和对普查结果进行修正。

(3) 组织普查应注意的问题。根据普查的特点，组织普查比其他任何调查方式更强调集中领导和统一行动。组织普查工作应遵循以下原则：①必须统一规定普查资料所属的标准时间。普查资料主要用来体现社会现象在某一时点上的状态，为了避免重复和遗漏，应明确规定统一的普查时点，即标准时点。如我国 2000 年进行的第五次全国人口普查就规定了 2000 年 11 月 1 日零点为标准时点。②在普查范围内，各调查点要尽可能同时进行普查，并尽可能在最短时间内完成，以便在方法上、步调上取得一致，保证普查资料的真实性。③同类普查每一次调查报告项目要尽可能一致，以便对比和分析；调查报告项目一经规定，不能任意改变和增减，以免影响综合汇总，降低资料质量。

2. 重点调查

重点调查是一种非全面调查，它是在调查对象中选择一部分重点单位进行调查，以了解总体基本情况的一种调查方式。所谓重点单位，是指那些单位数目不多，在总体单位数中所占比重不大，但其标志值在总体标志总量中占有很大比重的单位。例如，鞍钢、宝钢、武钢、攀钢等几个大型钢铁企业，虽然在全国钢铁企业中只是少数，但它们的钢产量却占绝大比重，对这些重点企业进行调查，就比进行全面调查省时省力，而且更加及时地了解全国钢铁生产的基本情况。所以，当调查任务只要求掌握基本情况，而总体中又确实存在重点单位时，采用重点调查是比较适宜的。

重点调查既可用于经常性调查，如向重点单位布置定期报表，也可用于一次性调查。重点调查由于单位比较少，调查项目可以多一些。在选择重点单位之前，必须对调查对象有所了解和认识，重点单位可以是一些企业、行业，也可以是一些地区、城市。例如，我国钢铁产量的重点单位是鞍钢、宝钢、武钢、攀钢等几个钢铁企业；甘蔗产量的重点单位是广东、广西、福建、海南等几个产区。重点单位选择多少，要根据调查任务来确定。一般来说，调查的单位应尽可能少些，而它们的标志值在总体中所占的比重应尽可能大些，同时，选中的单位，管理应比较健全，统计力量应比较充实，统计基础应比较巩固，这样才能准确、及时地取得资料。

3. **典型调查**

典型调查是一种非全面调查，它是指根据调查目的和要求，在对被调查对象进行全面分析的基础上，有意识地选择若干个具有典型意义或有代表性的单位进行深入、细致的调查研究，以认识事物发展变化规律的一种调查方式。典型调查大体上可以分为两种：一种是对个别典型单位进行“解剖麻雀”式调查，其目的在于通过个别单位特征说明现象的一般情况或规律；另一种是“划类选点”式的典型调查，即在对调查总体进行分类的基础上选择一部分典型单位，由这一部分典型单位构成一个代表性的样本总体，然后对这个样本总体进行调查，根据其调查结果，从数量上对总体进行统计推断和统计分析。

典型调查具有以下特点：一是对个别或少数具有代表性的单位进行调查；二是对选定的做深入细致的了解；三是调查的内容不限于数量方面，而包括全部情况。

典型调查与其他调查方式相比有着特殊的作用，主要表现在：(1) 应用典型调查，可以研究新生事物，反映国民经济发展中不断出现的新情况、新问题。例如，经济体制的改革，建立现代企业制度，对于这类新问题不可能从经常的统计报表指标中得到反映，那么我们可以以全国最早进行现代企业制度试点的企业为典型单位进行调查，研究和分析其产生和发展的过程，探索其发展的方向。(2) 应用典型调查，可以反映事物发展变化的真实情况和现象的各方面联系，总结经验和教训。(3) 应用典型调查，可以反映同类事物发展的一般规律或基本趋势。(4) 在一定条件下，可利用典型调查资料近似地估算总体的数值。

典型调查由于调查单位少，可以进行深入细致的调查，并且有举一反三的效果，但在选择典型单位时在很大程度上受人们主观认识的影响，难免有一定的误差，因此，必须同其他调查形式结合起来使用，才能避免片面性。

4. **抽样调查**

抽样调查是一种非全面调查，它是指在总体中按照随机原则抽取一部分单位作为样本进行调查，根据调查的结果推断总体特征的一种调查方式。抽样调查与其他调查相比，组织容易，可以排除个人主观意图的影响，并且在一定程度上可以预计和控制调查误差，这种调查方式既能节省人力、物力、财力，又可以提高资料的时效性，而且能取得比较正确的全面统计资料，是一种比较完善、比较科学的调查方式。因此，这种调查方式广泛运用于产品的质量检验、市场调查、科学实验等方面。

上述各种统计调查方式各有其优越性，但也各有其局限性。在实际工作中根据不同情况灵活运用，也可以把几种调查方式结合使用。我国将建立以必要的周期性普查为基础，以经常性的抽样调查为主体，同时辅之以统计报表、重点调查、科学推断等多种方法综合运用的统计调查方法体系。

四、问卷调查法

（一）问卷调查法的概念与作用

1. 问卷调查法的概念

问卷调查法简称问卷法，如前所述，它是指根据统计调查的要求，将调查项目编制成统一设计的调查问卷，由被调查单位按照要求书面回答，以取得统计资料的一种方法。所谓问卷，即事先准备好的询问提纲或调查表，它以书面的形式系统地记载所需调查的具体内容，是了解统计信息、实现调查目的和任务的一种重要形式。采用问卷进行调查，是国际上普遍使用的一种调查方式，也是我国近年来推行最快、应用最广的一种调查手段。

2. 问卷调查法的作用

问卷调查具有以下几个方面的作用：

（1）调查范围广，适用于各种范围与环境。问卷调查可以在一个部门或企业内部调查，也可以在全国范围内调查。

（2）通俗易懂，实施方便。可以在问卷中列出需要提出的各种问题，并给出一定的答案，可以让被调查者有足够的时间、有针对性地回答。

（3）有利于对资料进行统计处理和定量分析。调查问卷一般主要为选择题，有利于调查资料的整理和进行定量分析。

（4）节省调查时间，提高调查效率。被调查者可以自行回答问题，而无须调查人员逐个解释说明，加快了调查进度。

（二）问卷的基本结构

问卷的基本结构，一般可由标题、说明信、指导语、问题与答案、编码等部分组成。

1. 标题

标题即问卷的题目，是对问卷调查内容的概括。通过问卷的标题可以反映出调查的主题。

2. 说明信

说明信也称封面信，是一封致被调查者的短信，用来向被调查者说明调查者的身份、调查的目的和意义、调查的内容以及对被调查者的希望和要求等。说明信的篇幅不宜过大，文字要简洁、准确，语气要谦虚、诚恳。虽然说明信的篇幅短小，但在问卷调查中却有特殊的作用，被调查者能否认真地接受调查，在很大程度上取决于说明信的质量。

首先，说明信中必须说明调查者的身份。说明身份可以在信的最开始，也可以在信的落款中来说明。调查者说明身份时应尽量打消被调查者的疑虑，除写清楚单位或组织的名称外，最好还附上地址、电话号码、邮政编码等具体情况，这样能够充分体现出调查的正规性，以取得被调查者的信任。

其次，说明信还应说明调查的大致内容、目的及意义。说明信中对调查内容既不能不谈，也不必谈得过细，只需用一两句话概括地说明调查内容的范围即可。对于调查目的，则应尽可能说明其对于整个社会的意义，尤其是对于被调查者自身的现实意义。

最后，还要说明调查对象的选择方法和对调查结果保密的措施，并向被调查者提出配合调查的希望等。为了消除被调查者的顾虑，应说明填卷者不必署名，其切身利益不会受到损害等。

此外，在说明信的结尾，应对被调查者的合作表示诚恳的谢意。

3. 指导语

问卷中的指导语，是指导被调查者正确填写问卷的说明。一般可放在说明信之后，集中对问卷的填答方法、要求、注意事项等加以说明；也可放在某类或某个需要特别说明的问题之后，用括号括起来，对该类问题的填写加以说明。如果是集中说明可标以“填写说明”的字样。

4. 问题和答案

问题和答案是问卷的主体。问题从形式上看，可分为开放式问题和封闭式问题两大类；从内容上看，有关于行为的问题、态度的问题和有关个人的背景资料的问题等。

5. 编码及其他资料

在较大规模的问卷调查中，为了将被调查者的回答转换成数据，以便输入计算机进行处理和分析，往往需要对问题和答案进行编码。即赋予每一个问题及其答案一个数字或字母作为它的代码。除了编码以外，有些采访问卷还需要附上访问员姓名、访问日期、被调查者住址等有关资料。

（三）设计调查问卷的步骤

要设计一份调查问卷，第一步工作并不是马上动手写调查问题，而是先作一段时间的探索性工作，然后才是设计问卷初稿，并经过试用和修改，最后形成正式问卷。

1. 探索性工作

所谓探索性工作，通俗的说，就是先摸摸底，熟悉和了解一些基本情况，以便对各种问题的提法和可能的回答有一个初步的、感性的认识。它是研究者在设计问卷前必须进行的一项工作。探索性工作常常采用的是到被调查对象中去，了解和熟悉情况，取得感性认识，为设计问卷打好基础。它是整个调查研究工作从研究设计阶段走向资料搜集阶段的过渡。

2. 设计问卷初稿

在探索性分析研究之后，我们对所要调查的各种问题及其可能的答案有了初步印象，就可以动手设计问卷初稿了。在实际工作中，有两种具体的设计方法：卡片法和框图法。卡片法是将一个问题和答案分别写在一张卡片上，有多少个问题和答案就写多少张卡片，然后，根据卡片上问题的内容不同，将卡片分成若干类；再按一定顺序把各类卡片排列起来。用卡片法设计调查问卷的好处在于，每一个问题和答案独立成卡，便于对问题的分类、排序。框图法是根据研究现象的需要，根据对现象的探索性分析研究，在一张纸上先画出问卷整体各组成部分的框图，再具体设计出各部分中的问题与答案，并按顺序排列好，最后经过必要的调整形成问卷。框图法设计问卷的好处是，在一张框图上可以一目了然地看出问卷的整体结构，有利于合理安排问卷的各部分和各部分中的问题与答案。为了采用两者的长处，可以将两种方式结合进行。比如先在纸上画出问卷的各大部分及其前后顺序，然后在卡片上写出各部分的问题，并调整问题间的顺序，最后将调整好的问题卡片抄在纸上，形成问卷初稿。

3. **使用和修改**

任何调查问卷都不可能一次设计成功，往往要经过若干次修改，特别要把设计好的问卷初稿用于一次试调查，而不能直接将它用于调查。

试用问卷初稿具体方法有两种，一种叫做客观检验法，另一种叫做主观评价法。客观检验法的具体做法是，将问卷初稿印制若干分（一般在 30～100 份左右），然后在正式的总体中抽取（随机或不随机均可）一个小样本，用这些问卷初稿对他们进行调查，最后认真检查和分析调查的结果，从中发现问题和缺陷并进行修改。主观评价法的具体做法是，将设计好的问卷初稿复印若干份，分别送给该研究领域的专家、研究人员以及典型的被调查者，请他们阅读和分析问卷初稿，并根据他们的经验和认识对问卷初稿进行评论，指出不妥之处。就目前情况来看，除了某些小型调查仅仅采用主观评价法进行试用外，大部分调查往往采用客观检验法，还有一些同时采用两种方法进行试用。只有经过试用，找出了问题并进行了修改，才能把问卷用于正式调查中。

（四）问题及答案的设计

问题及答案是问卷的主体部分，对问题及答案的设计也是问卷设计的关键内容。

1. **问题的设计**

问卷调查是以书面方式向被调查者提各种问题，并根据其回答收集研究现象的有关资料。问卷中问题的形式、问题的表达、问题的数量和排列顺序等，都直接影响着问卷的质量。

（1）问题的选择。用问卷搜集资料，有各种各样的问题可以提问。在问卷中提问什么，不提问什么，必须要经过认真的思考和选择。问题的选择一般要考虑几点：①必须选择调查目的最必要的问题。如果问题设计得过于简单，就无法满足调查研究的需要；但问题设计得过于烦琐，就会造成人、财、物和时间的浪费，还会直接影响问卷的回收率和有效率。②问题的选择必须符合现象在一定时间、地点、条件下的客观实际表现。随着时间、地点、条件的变化所选择的问题也不相同。③问题的选择还必须符合被调查者回答问题的能力和愿望。根据被调查者回答问题的可能性来选择问题。不能将被调查者根本不可能知道的问题、不愿意回答的问题以及难度大大超出被调查者理解和回答能力的问题等选入问卷之中。

(2) 问题的形式。调查问卷中的问题有两种基本形式，即开放式和封闭式。

开放式问题，是统计调查者在提出问题时并不给被调查者提供任何具体答案，而由被调查者根据客观实际情况自由填写。开放式问题的主要优点是比较适合于收集更深层次的信息，特别适合那些尚未弄清各种可能答案或潜在答案类型较多的问题。而且可以使被调查者充分发表自己的意见，有利于被调查者发挥自己的创造性。但开放式回答需要被调查者具有较高的文字表达能力，花费比较长的时间和精力。由于会出现各种各样的答案，会给资料的整理带来一定的困难。

封闭式问题，是调查者在提出问题的同时，还将问题的一切可能答案或几种主要可能答案全部列出，由被调查者从中选出一个或多个答案作为自己的回答，而不作答案以外的回答。对封闭式问题，被调查者填写问卷很方便，节省时间。由于答案的标准化程度高，有利于调查者对资料进行整理和综合分析。但封闭式问题在设计中对调查者有较高的技术要求；在调查中也无法得到更多的答案以外的丰富资料。

开放式问题和封闭式问题各有特点，适用于不同现象的调查。在一份统计调查问卷中，完全都用开放式问题或完全都用封闭式问题，往往不能满足研究各种现象的需要。所以，在设计问卷时，常常采用以一种形式的问题为主，另一种形式的问题为辅，两种形式的问题结合应用于一份问卷，以便充分发挥不同形式问题的优点。

开放式问题在提出问题时不提供任何答案，只需在所提出的问题后留出一块大小合适的空白，由被调查者根据实际情况填写。封闭式问题在提出问题的同时，还必须将答案设计出来。

封闭式问题的具体方式有以下几种：

①填空式。填空式问题，一般用于对被调查者来说既容易回答又容易填写，只用几个字或一个数字就能回答的问题。例如：

您的年龄多大？________岁。

您的月工资收入是多少？________元。

您的家庭有几口人？________口。

②两项选择式。这种问题只有两个答案，被调查者从中选择一项回答。一般为是或否、有或无等答案。两项选择式其答案简单明确，对被调查者来说回答比较容易。但它仅适用于只有两种答案的问题。例如：

您的性别？　　男□　　女□

您家有空调吗？　　有□　　无□

您有子女吗？　　有□　　无□

③多项选择式。这种方式列出问题的两种以上的答案，由被调查者根据自己的实际情况，选择一个或一个以上的答案。例如：

您的文化程度是：

A. 大学本科及以上　B. 大学专科　C. 高中或中专　D. 初中　E. 小学及以下

④矩阵式。这种方式将同类的若干问题及答案排列成矩阵，以一个问题的形式表达出来。这种方式可以大大节省问卷的篇幅，还有利于被调查者阅读和填写。例如：

您对所在地区的商品供应感觉怎样？

	很满意	比较满意	不太满意	很不满意
商品价格	□	□	□	□
商品品种	□	□	□	□
商品质量	□	□	□	□
售后服务	□	□	□	□

⑤表格式。它是矩阵式的一种变形，与矩阵式相似。对有些被调查者来说，表格式更易于接受。例如：

你觉得下列现象在你们学校是否严重？（请在每一行适当的格中打√）

	很严重	比较严重	不太严重	不严重	不知道
迟到					
早退					
请假					
旷课					

2. **答案的设计**

(1) 设计问题答案的原则。封闭式问题在问卷中占有重要的地位，而问题中的答案设计又是重中之重。为了保证问题设计的质量，在设计问题答案时必须遵守以下原则。

①互斥性原则。所谓互斥性，是指答案之间不能相互重叠或相互包含。例如：

您平均每月支出中，花费最多的是哪项？

A. 食品　B. 服装　C. 书籍　D. 日用品　E. 报刊　F. 饮料　G. 娱乐　H. 其他

备选答案中食品和饮料，书籍和报刊等都不是互斥的。

②穷尽性原则。所谓穷尽性，是指所列出的答案包括了所有可能的情况。这是为了使所有被调查者都能在给定的备选答案中至少选择出一项适合自己回答的答案，不至于因所列出的答案中没有合适的答案而放弃回答。例如：

您家目前的收支情况是：

A. 较多节余　B. 略有节余　C. 收支平衡

对该问题若只设计以上三个备选答案就违背了穷尽原则。这三个答案反映的都是“顺差”的情况，而对于“逆差”的情况却没有反映。因此，必须加上第四个答案“入不敷出”，这样答案才完备了。

(2) 对数量问题答案的设计。在统计调查中不但要了解调查单位的品质标志，也要了解其数量标志。对数量问题采取填空式或选择式都是可以的。例如：

您的家庭人口数为________。

A. 1 人　　B. 2～3 人　　C. 4～5 人　　D. 5 人以上

类似人口数、企业数等都是用整数表示的，但还有很多变量如收入、产值等，可能出现小数。对于这类连续型变量，必须采用连续型的答案。例如：

您每月的生活消费支出在下列哪个范围中？

□200 元以下　　□200～400 元　　□400～600 元　　□600 元以上

（五）问卷设计应注意的问题

要设计一份科学合理的问卷，除了掌握一些必要的原则和技巧外，还要在问卷设计中注意以下几个方面的问题。

（1）用词尽量简单明了。无论是设计问题还是设计答案，都要尽可能使用简单明了、通俗易懂的语言，而不要使用一些复杂的、抽象的概念以及专业术语。

（2）问题的陈述要尽可能简短。调查问卷讲究语言简短精练，问题的陈述越长，越容易产生含糊不清的地方，回答者的理解就可能越不一致。因此在陈述问题时，最好不要用长句子，要使问题尽可能清晰、简短，使回答者一看就明白。

（3）问题要避免带有双重含义。双重含义是指在一个问题中，同时询问了两件事情，或一句话中问了两个问题，使得被调查者无法进行回答。

（4）问题要避免带有诱导性。即问题的提法和语言不能使被调查者感到应该填什么，也就是说不能对被调查者产生诱导性，从而人为地加大了做某一特定回答的概率。应用保持中立的提问方式，如“您觉得这种包装怎么样？”而不能问“您觉得这种包装很精美吗？”

（5）不要直接提敏感性问题。当问及某些个人隐私问题时，人们往往具有一种自我防卫心理。如果直接提问，往往会产生很高的拒答率。因此，对这些问题最好采取间接的询问方式，并且语气要尽量委婉。

（6）要避免问题与答案不一致。即所提问题与所设答案应做到一致。例如：

您经常看哪个栏目的电视？

A. 经视新闻　　B. 娱乐天地　　C. 电视书场　　D. 经常看　　E. 偶尔看

对于类别的提问和对于程度的提问，一般不能在同一个问题答案中出现，两者宜分别进行，否则会出现多余或矛盾的选择。

（7）要注意问题和答案的排列顺序。设计调查问卷中，都存在一个合理排列的问题与答案顺序的问题，一方面要便于被调查者顺利地回答问题，另一方面要便于调查者在调查后对资料进行整理和分析。一般应考虑以下几点：

①应按问题的性质和类别排列。把同一性质和同一类别的问题排列在一起，这样被调查者可以按一定思路连贯地回答问题。一般是先排列事实、行为方面的问题，后排列观念、态度意见方面的问题。

②应按问题的难易程度排列。一般把比较容易回答的问题放在前面，把比较难回答的问题放在后面；把被调查者熟悉的问题放在前面，比较生疏的问题放在后面；把比较好回答的封闭式问题放在前面，把比较难回答的开放式问题放在后；把被调查者比较感兴趣的问题放在前面，把比较严肃的问题放在后面等等。

③应按问题的时间顺序排列。可以采取由过去到现在，也可以用由现在到过去的顺序排列，使被调查者可以按由前到后或由后到前的时间顺序，连贯地回答问题。

④应按被调查者的心理承受能力排列。在调查中，往往无法完全排除对一些敏感性问题的调查。当问卷调查中必须提问这类问题时，考虑到被调查者的心理承受能力，应

该把这些问题放得靠后一些。

【复习与思考】

1. 什么是统计调查？统计调查的基本要求是什么？
2. 统计调查方案包括哪些基本内容？请设计一份统计调查方案。
3. 什么是专门调查？它包括哪几种调查方法？
4. 什么是全面调查和非全面调查？它们各包括哪些调查方法？
5. 什么是经常性调查和一次性调查？它们各包括哪几种调查方法？
6. 什么是统计报表制度？
7. 什么是普查？其特点有哪些？
8. 什么是典型调查？其特点有哪些？
9. 什么是重点调查？其特点有哪些？
10. 什么是抽样调查？其特点有哪些？
11. 调查问卷的基本结构包括哪些部分？
12. 设计问卷要注意哪些原则和问题？
13. 开放式和封闭式问卷有何区别？各有什么优缺点？

【实训项目】

说明下列调查应当采用何种调查方式。

(1) 某企业2016年6月份的主要产品产量、产值按统计制度的要求上报。

(2) 调查某国有企业扭亏的工作成效，以便于推广其成功的经验。

(3) 对我国几个大型煤矿企业进行调查，了解我国煤炭企业生产的基本情况。

(4) 每月初对某省高速公路某路段的交通流量进行调查，研究该路段交通流量的变化规律。

(5) 某家电企业为了检查产品的质量，抽取一部分产品进行检验，以此判断该企业家电质量状况。

(6) 对我国居民消费品价格进行调查，掌握消费品价格的变动情况，以反映我国居民生活质量的变化。

整　理　篇

任务三

资料的整理与资料的表现

【任务目标】

知识目标：

1. 了解统计资料整理的概念、内容。
2. 理解统计分组的概念，掌握分组方法和汇总技术。
3. 重点掌握变量数列的编制方法。
4. 掌握统计表的概念、结构、内容，并熟练绘制各种统计表、统计图。

能力目标：

1. 根据实际情况熟练分组。
2. 熟练编制各种变量数列。
3. 熟练绘制各种统计表、统计图。

【案例导入】

高露洁-棕榄公司

纽约州的高露洁-棕榄（Colgate-Palmolive）公司于1806年在纽约开业时，是一家经营香皂和蜡烛的小商店。今天，高露洁-棕榄公司的产品全世界可见，公司已在数十个国家实现跨国经营。除了传统产品香皂、清洁剂、牙膏外，公司还兼营软皂、Mennen、宠物食品和其他产品。

高露洁-棕榄公司在其对家用洗涤产品的质量保证程序中常常会用到统计学。一个典型的应用是对盒装清洁剂的重量控制。每一类尺寸的盒子都填充相同重量的清洁剂，但是清洁剂的容量受其清洁粉密度的影响。例如，如果粉的密度偏大，达到盒的指定重量就需要少一些清洁剂。结果，当消费者打开盒子时，盒子显然未充满。

为了控制清洁剂重量这一难题，要对清洁粉的密度的可接受范围加以限制。定期抽取统计样本，测量每一样本的密度，然后把汇总数据提供给经营人员，以便在需要把密度保持在期望的质量规格尺寸时采取正确的行动。

在一周的期间内采集的150个样本的密度频数分布，密度水平高于0.40是不可接受的，频数分布中所有的密度小于或等于0.40，则表明清洁粉符合其质量标准。

表 3-1　　样本频数分布表

密度	频数
0.29～0.30	30
0.31～0.32	75
0.33～0.34	32
0.35～0.36	9
0.37～0.38	3
0.39～0.40	1
总计	150

思考：

试利用150个样本的频数分布做出直方图。

资料来源：http：//www.worlduc.com/blog2012.aspx？bid=10874476

【理论指导】

一、统计资料整理概述

（一）统计资料整理的概念

统计资料整理是统计工作的重要环节，也是统计学研究的重要内容之一。统计整理是按照统计研究任务的要求，根据统计对象的特点，对统计调查所搜集到的大量原始资料进行科学的分类、汇总，或对已加工过的资料进行再加工，使其系统化、条理化、科学化，最后形成能够反映现象总体综合特征的统计资料的工作过程。

统计工作经过统计调查之后，获取了大量的原始资料，但这些统计资料比较分散、零碎，仅仅反映了事物的表面现象，而不能进一步说明事物的本质，从而难以揭示事物的发展规律。为此，统计整理作为统计工作过程的中心环节，是人们对社会现象从感性认识上升到理性认识的过渡阶段，它既是统计调查的继续和深入，又是统计分析的基础和前提，其质量不仅直接关系到调查资料能否发挥其应有的作用，而且也直接影响到统计分析和统计预测能否得出正确的结论。

（二）统计资料整理的内容

统计整理工作是一项细致的、科学性很强的工作，需要有组织、有计划地进行。统计整理的基本内容包括：

1. 设计和编制统计资料整理方案

在进行统计资料整理之前，应当首先根据研究目的，确定对调查中所搜集资料的哪些内容进行整理。同时，还要确定如何进行统计分组，采用哪些汇总指标以及统计资料如何表现等。这些整理方案的内容体现在一系列的整理或汇总表中。

2. 对原始资料进行审核

为了保证统计资料整理工作的质量，应对原始资料按照统计调查开始前提出的要求进行严格的审核，审核其完整性、及时性、准确性，并及时纠正错误。

3. 对原始资料进行统计分组和统计汇总

根据研究目的的要求和统计分析的需要，对原始资料进行划类分组。在分组的基础上，将各项资料进行汇总，得出反映各组和总体的总量指标。

4. 编制统计表或绘制统计图

将整理结果编制成统计表或绘制成统计图，简明扼要地表达现象的数量特征。

上述内容中，统计方案和资料的审核是统计整理的前提，资料分组是统计整理的基础，统计汇总是统计整理的中心，编制统计表则是统计整理的结果。各个环节紧密联系，缺一不可，共同构成统计资料整理的工作过程。

（三）统计资料的审核

按任何统计调查方法搜集到的资料，在汇总整理之前，都必须进行全面检查，这是保证汇总质量的重要手段。统计资料的审核，包括汇总前的审核和汇总后的审核。

1. 汇总前的审核

汇总前对原始资料进行检查审核，及时发现问题，纠正错误，是保证统计汇总资料质量的首要环节。审核的内容主要有三个方面：一是审核资料的完整性。主要检查被调查单位是否有遗漏，调查的内容是否齐全；二是审核资料的及时性。主要检查资料是否按规定时间报送，以及未按时报送的原因；三是审核资料的准确性。对资料准确性的检查通常有以下两种方法：逻辑检查和计算检查。逻辑检查主要是从理论上或根据常识来判断调查资料的内容是否合理，指标之间是否有相互矛盾的地方。例如，在人口调查资料中，如果发现其中有人填报年龄为 6 岁，文化程度为大学毕业，显然是矛盾的。计算检查是检查调查表或报表中资料的计算口径、方法是否正确，计算结果有无差错，计算单位有无与规定不相符等。

2. 汇总后的审核

汇总后的审核主要从以下几个方面进行：一是复计审核，即对每个指标数值进行复核计算；二是表表审核，即审核不同统计表上重复出现的同一指标数值是否一致，对同一表中互有联系的各个指标数值，则审核它们之间是否衔接和符合逻辑；三是对照审核，即对某些统计、会计、业务三者中都进行计算的指标数值，进行相互对照检查，发现可能出现的错误；四是表实审核，即把汇总得到的指标数值，与了解的实际情况联系起来进行检查。

二、统计分组

（一）统计分组的概念

统计分组，就是根据统计研究任务的需要，按照一个或几个标志将总体划分为几个组，使组与组之间具有差异性，而同一组内的单位保持相对的同质性。

统计分组有两方面的含义：对总体而言，是“分”，即将总体区分为性质相异的若干部分；对个体而言是“合”，即将性质相同的个体合并到同一组。统计分组的“分”，可以使人们认识同一性质总体内部在其他性质方面存在差异的各组成部分的结构和分布情况，从而可以认识事物在同一性中存在的特殊性。统计分组的“合”，是一种特殊的综合，它把性质相同或数量差异很小的单位合为一组，集中了较多的信息量，形成一种合力，反映了事物的本质，使人们认识事物在特殊性中表现出的同一性。例如，所有具有中国国籍的人组成人口总体，可以按照年龄、性别、职业、文化程度等划分为若干组，分别说明总体在不同方面的特征。

(二) 统计分组的作用

对于社会经济现象的统计研究，我们不但要注意现象的一般性，更要注意现象的特殊性。注意事物之间的差别、特点，是我们认识现象的基础，统计分组则是达到这种认识的手段。具体来说，统计分组的作用可归纳为以下几点：

1. 划分社会经济现象的类型

社会经济现象是极其复杂多样的，客观上存在着各种不同的社会类型。各种不同类型的现象有着各自的运动形式和本质特征，由于受其内在规律所支配，决定了各类现象在规模、水平、结构、速度、比例关系等方面的数量表现有所不同或具有差异。利用统计分组，就能根据统计研究的目的，将现象区分为各种性质不同的类型来研究各类现象的数量差异和特征以及相互关系。将复杂的社会经济现象，划分为性质不同的类型，是一种广泛应用的重要分组。利用统计分组，划分社会经济现象类型，这种分组称为类型分组。一般来说，社会经济类型的分组多采用品质标志来划分。例如，企业按所有制形式划分为国有企业、集体企业和其他经济类型企业，在此基础上，统计这三个类型组企业的有关指标数值，并加以比较分析，就可以反映出不同类型企业的数量特征及相互关系，充分揭示出各企业的本质及其发展规律。表 3-2 是 2000 年我国不同所有制单位投资总额按经济类型的分组。

表 3-2　2000 年我国不同所有制单位投资总额按经济类型的分组

按经济类型分组	投资总额（亿元）	比重（%）
国有经济	16 504.44	50.14
集体经济	4 801.45	14.59
个体经济	4 709.36	14.31
联营经济	94.73	0.29
股份制经济	4 061.88	12.34
外商投资经济	1 313.21	3.99
港澳台投资经济	1 293.05	3.93
其他经济	139.61	0.42
合计	32 917.73	100.00

资料来源：中国统计年鉴，2001，中国统计出版社。

从表 3-2 中可以看出，公有经济（包括国有经济和集体经济）的投资额仍然占全国投资总额的大部分（50.14%+14.59%=64.73%）。

2. 研究社会经济现象的内部结构

在分组的基础上，再进一步计算各部分占总体的比重来反映现象的内部构成，可以体现部分与整体、部分与部分之间的差别和相互联系，帮助人们掌握事物的特征，还可以通过比较现象内部构成的动态变化，揭示出现象发展变化的过程和规律。表 3-3 是我国 1990 年和 2000 年从业人员按三种产业的分组。

表 3-3　我国 1990 年和 2000 年从业人员按三种产业的分组

项目	1990 年		2000 年	
	从业人员数（万人）	比重（%）	从业人员数（万人）	比重（%）
第一产业	38 428	60.1	35 575	50.0
第二产业	13 654	21.4	16 009	22.5
第三产业	11 828	18.5	19 566	27.5
合计	63 910	100	71 150	100

资料来源：中国统计年鉴，2001，中国统计出版社。

从表 3-3 中可以看出，虽然第一产业的比重在这十年中下降了 10.1%，但是它仍然处于主导地位；第二产业的比重在这十年基本变化不大，但不进则退，由于第三产业的迅猛发展，使得第二产业在经历了十年之后，下降一位，成为三种产业中所占比重最小的产业。该表反映了我国产业结构的变化趋势，是我国国民经济不断发展的具体表现。

3. **分析现象之间的相互依存关系**

社会经济现象是一个复杂的整体，虽然各种社会经济现象之间存在着多种多样的差别，但它们并不是孤立的，而是相互联系、相互依存、相互制约的，但现象之间发生联系的密切程度各不相同，关系比较密切的联系就是现象之间的依存关系。例如，商品销售量和商品价格之间，施肥量和亩产量之间，原材料消耗量和单位产品成本之间，职工工资收入水平与社会商品零售额之间，商品流转额、商品流转速度与流通费水平之间都存在一定的依存关系。同时，社会经济现象的数量变化又受自然技术因素的影响。当研究同一总体内各标志的依存关系时，可以按其中一个标志对总体分组，然后观察其他标志相应的变动情况，这种分组称为分析分组。利用统计分组，可以揭示出现象之间的这种依存关系及其在数量上的表现，有助于人们全面、深刻地认识事物。表 3-4 表明的是流通费用率与商品流转额之间的依存关系。

表 3-4　某商业企业商品销售额与流通费用率

按商品销售额分组（万元）	流通费用率（%）
50 以下	11.5
50～100	10.7
100～150	9.8
150～200	8.1
200～300	8.6
300～400	6.0
400 以上	5.4

从表 3-4 中可以看出流通费用率与商品销售额之间的依存关系是：流通费用率随着商品销售额的增多逐渐降低，这二者成反方向的变化趋势。

（三）分组标志的选择

分组标志是将统计总体划分为几个性质不同部分的标准或依据。例如，工业企业按规模分组，“规模”就是分组标志；人口总体按民族分组，“民族”就是分组标志；按计划完成程度分组，“计划完成程度”就是分组标志。要充分发挥统计分组的作用，必须在正确理论的指导下，进行科学的分组。统计分组的核心问题就是分组标志的选择，因为分组标志选择的正确与否，将直接影响分组的科学性与统计资料的准确性，而且也必然影响到统计分析结果的真实性。如果分组标志选择不当，就会把突出的差异掩盖起来，甚至会把不同质的单位混淆在一起，分组结果就难以正确反映总体的特征，就将失去分组的意义。因此，只有正确地选择分组标志，才能使分组后的资料符合研究的要求，以保证统计分组作用得以实现，获得统计研究所需要的正确结论，从而达到认识现象本质、揭示事物规律的目的。因此，在选择分组标志时应该遵循以下几个原则：

1. 根据统计研究的任务和目的选择分组标志

任何一个统计总体都有许多标志。对于同一总体来说，由于研究目的不同，往往需要采用不同的分组标志，此时，应选择与研究目的有密切联系的标志作为分组标志，才能使统计分组提供符合要求的分组资料。例如，对工业这个总体来说，当研究的目的是了解工业企业的规模结构时，应选择“生产能力”作为分组标志以说明大、中、小型企业的构成情况；而在研究工业企业内的部门结构时，则应按照“部门”进行分组。可见，分组标志是随着研究任务的不同而变化的，所以，根据不同的研究目的，选择合适的分组标志，才能使统计分组的资料更好地满足研究的需要。

2. 选择能够反映事物本质或主要特征的标志

每一个总体单位一般都具有多个标志，其中有的标志是反映其本质特征的，是有决定性意义的标志，而有的则是反映其非本质特征的、无足轻重的标志。例如，要研究我国经济结构的特点，象经济类型、产业结构等都是最基本的标志。再如，要研究企业经济效益的好坏，可供选择的标志很多，诸如总产值、净产值、销售收入、利税额、单位产品成本、劳动生产率、资金占用额等，然而更能综合反映企业经济效益的标志则是利税额。而同一研究目的也有可能有若干个相关标志可供选择。这就要根据被研究对象的特征，从众多的标志中选择主要的、最能反映现象本质特征的标志作为分组标志。

3. 要结合被研究对象所处的历史条件和经济状况选择分组标志

社会经济现象是随着时间、地点、条件的不同而不断发展变化着的，历史条件变了，事物的特征也会发生改变，也就是说最能反映现象本质特征的标志也随之而变化。同一分组标志，在某一时期适用，在另一时期就不一定适用；在某一条件下适用，在另一条件下就不一定适用。例如，在生产力水平较低的情况下，研究企业规模，一般以职工人数作为分组标志，随着机械化、自动化、现代化水平的提高，职工人数已不能准确地说明企业规模的大小，因为机械化、自动化、现代化水平较高的企业，虽然职工人数不多，但是生产能力却很大。在生产水平较高的情况下，一般使用企业生产能力和固定资产作为分组标志。而在研究我国目前乡镇企业的生产规模时，由于这些企业大多数还是劳动密集型企业，生产的产品不固定，生产能力难以计算，因此，仍然以职工人数作为企业规模的分组标志。以上就体现了分组标志在不同历史条件下的变化。然而，在同一历史条件下，在不同的经济部门或生产部门中，由于它们的经济条件不同，也必须分别对待。由此可见，选择分组标志不能千篇一律、一成不变，而要考虑研究对象所处的历史条件，选择的分组标志才具有现实意义。

（四）统计分组的方法

统计分组的关键问题在于正确选择分组标志和划分各组界限。在分组标志确定下来以后，接下来就要解决分组方法问题。

1. **按品质标志分组和按数量标志分组**

（1）按品质标志分组。按品质标志分组，是指根据统计研究的目的，选择反映事物属性差异的标志作为分组标志，并在品质标志的变异范围内划定各组界限，将总体划分为若干个性质不同的组成部分。例如，研究国民经济总体时，可以按照“经济类型”分组，划分为国有经济、集体经济、个体经济、股份制经济等；按照“国民经济部门”分组，划分为工业企业、商业企业、金融企业、乡镇企业等。再如，研究人口构成状况时，按照“性别”分组，可划分为男性和女性；按照“文化程度”分组，可划分为文盲、半文盲、小学、初中、高中、中专、大学及其以上。按品质标志分组能够直接反映总体单位之间性质上的差异，由于事物品质的属性差异相对稳定，因此这种分组也相对稳定。

按照品质标志分组有时界限明确，比较容易，有时却又比较复杂。按品质标志分组在有些情况下比较简单，分组标志一经确定，组的名称和组数也就确定了，不存在组与组之间界限区分的困难。例如，人口按性别可以分为男、女两组，又如企业按经济类型分组。这些组在性质上、界限上是稳定明确的。在实际工作中，往往需要对所研究的现象进行复杂的品质分组。这种复杂的品质分组也称为分类，如产品分类、行业分类、人口职业分类等。它们不但涉及复杂的分组技术，而且也涉及国家的政策和有关的科学理论，因而在分组时要十分慎重。例如城乡界限的确定、工农业的划分、按经济成分分组等，要弄清它们的分组界限，就有一定的难度。因此，为了保证各种分类的科学性、统一性和完整性，便于各部门掌握和使用，国家统计局会同有关部门制定了统一的分类目录，在全国范围内实行。如 1998 年国家统计局重新制定并颁布了《关于统计上划分经济成分的规定》和新的《关于划分企业登记注册类型的规定》。此外，比较常见的分类目录还有《工业产品目录》《工业企业生产结构分类目录》《工业行业分类目录》和《工业设备目录》。

（2）按数量标志分组。按数量标志分组，就是根据统计研究的目的，选择反映事物数量差异的数量标志作为分组标志，在数量标志值的变异范围内划定各组的数量界限，将总体划分为若干个性质不同的组成部分。如企业按照固定资产价值分组、人口按照年龄分组、职工按照工资收入多少分组等。按数量标志分组的目的并不是单纯地确定各组在数量上的差别，而是要通过分组体现的数量变化来确定现象的不同性质和不同类型，以通过数量差异来反映事物的质的不同。因此根据变量值的大小来准确划分性质不同的各组界限并不容易，这就要求我们依据统计研究的任务和现象的性质来确定，在按照数量标志分组时，首先分析总体中可能有多少种性质不同的组成部分，然后再研究确定各组成部分之间的数量界限，使分组的数量界限能够区分现象性质上的差别。

2. **简单分组、复合分组和分组体系**

（1）简单分组。简单分组是指被研究对象只按某一个标志进行的分组。这种分组比较简单，它只能说明社会经济现象某一个方面的状况。例如，以性别为标志，将人口总体分为男、女两组；以生产规模为标志，将工业企业分为大型、中型、小型三个组；以所学专业为标志，将某大学学生总体分为专业不同的若干组；以平均工资为标志，将职工分为工资高低不等的若干组。

（2）复合分组。对于同一总体，采用两个或两个以上的标志进行分组，并且层叠在一起，这种分组称为复合分组。这种分组在实际工作中运用比较广泛。具体地说，它是先按一个标志分组，然后再按另一个标志将已经分好的各组又划分为若干组，如表 3-5 所示。

表 3-5 2010 年某高等学校分科在校学生数（层叠式）

指 标	在校学生数（人）
总计	32 950
本科	19 070
专科	13 880
一、理学	21 140
本科	12 500
专科	8 640
二、经济学	11 810
本科	6 570
专科	5 240
…	…

采用复合分组，可以从几个不同的角度了解总体内部的差别和关系，比简单分组更全面、更深入地研究问题。但是，随着分组标志的增加，所分组数也会成倍增加，被分配到各组的总体单位就会更加分散，这样对总体特征的表现就减弱了，也违背了“大量”的原则，因而失去了通过分组来分析问题的意义，所以，只有在总体包括的单位很多的条件下，适当采取复合分组才有意义。究竟采用几个标志进行复合分组，要根据统计研究的目的和任务来决定。

3. **分组体系**

社会现象是复杂的，需要从各个方面进行观察和研究，以获得对事物的全面认识，这就需要采用相互联系、相互补充的多个分组标志对总体进行多种分组，即构建分组体系。

应用分组体系，可以从不同角度、不同方面对某一社会现象做出比较全面的说明。例如，在研究企业生产情况时，可以按照生产能力、总产值、劳动生产率、单位原材料消耗量、利润等多种标志并列进行分组，从多个方面反映企业的生产情况，从而得到全面的认识。又如，对人口总体进行统计研究时，必须通过对按性别、按年龄、按民族、按婚姻状况等多种分组形成的分组体系进行研究，才能对人口总体的自然构成有比较深刻的认识。

三、次数分布

（一）次数分布的概念

在统计分组的基础上，将总体中各单位按组归类整理，并按一定顺序排列，列出各组的总体单位数，形成总体各单位在各组之间的分配，称为次数分布。次数分布的实质是把总体的全部单位按某标志所分的组进行分配所形成的数列，因此又称为分配数列或分布数列。

分配数列的形式很简单，但它是统计整理结果的一种重要的表现形式，是统计分析的一项重要内容，在统计研究中具有十分重要的意义。它直观地表明了总体中所有单位在各组间的分布状态和分布特征，在此基础上还可以进一步研究其构成、平均水平及其变动规律，它是进行统计分析的一种重要手段。

分配数列的构成必须同时具备两个要素：一是按分组标志划分的各个组，即组别；二是分配到各组的单位数及总体单位数。通过统计分组，可将总体中所有单位进行归类，各组分配的单位数叫做次数，统计学上又称为频数。次数表明某种标志在总体各组中出现的多寡。各个组的次数，有两种表示方式，一种是用绝对数形式直接表示各个组的单位个数，另一种是用相对数形式即用频率的形式来表示各组的单位数与总体单位数相比求得的百分比形式表示的相对数，称为频率。频率在一定程度上反映了各组对总体的决定和影响程度。在变量分组的情况下，频率反映的就是各组变量值对总体的相对作用程度，也可以表明各组标志值出现的频率。两者从不同的角度反映了各组标志值出现的频繁程度，说明总体各单位在各组间的分布状况。

为了反映次数的变化过程，更直接地说明总体基本类型的分布特征，还可以汇总计算累计次数或频率。品质分配数列的次数累计比较简单，一般是按照各组的顺序依次累计。变量分配数列的次数累计，按照观察问题的角度不同，可以分为向上累计和向下累计两种，如表 3-6 所示。

表 3-6　累计数表

月工资（元）	人数（人）	向上累计		向下累计	
		次数	频率（%）	次数	频率（%）
500 以下	120	120	12	1 000	100
500～600	200	320	32	880	88
600～700	350	670	67	680	68
700～800	240	910	91	330	33
800 以上	90	1 000	100	90	9
合计	—	—	—	—	—

向上累计。是以变量值最小一组的次数为起点，逐项累计各组的次数和频率，这样累计的每一个结果，都可以直接说明在某一个标志值以下共有多少个单位或次数。因此，向上累计也叫做以下累计。如表 3-6，月工资在 700 元以下的有 670 人，占 67%。

向下累计。是从变量值最大一组的次数开始，逐项累计各组的次数或频率，这样累计的每一个结果，都可以直接说明在某一个标志值以上共有多少个单位或次数。因此，向下累计也叫做以上累计。如表 3-6，月工资在 600 元以上的有 680 人，占 68%。

（二）次数分布的种类

分布数列按照选用的分组标志的性质不同，可以分为品质分布数列和变量分布数列。

1. **品质分布数列**

按照品质标志分组所编制的分配数列称为品质分布数列，简称品质数列。品质数列由各组名称和次数构成，反映具有一定属性的各组在总体中的分布情况。某高校各专业学生人数分布及比重情况，如表 3-7 所示。

表 3-7　某高校各专业学生人数分布及比重

按专业分组	学生数（人）	比重（%）
计算机应用	1 001	10.01
通讯工程	636	6.36
生物工程	879	8.79
机械电子	790	7.9
电子商务	3 918	39.18
国际商务	1 256	12.56
会计电算化	519	5.19
工商管理	1 001	10.01
合　计	10 000	100.00

2. **变量分布数列**

按照数量标志分组所编制的分布数列称为变量分布数列，简称变量数列。变量数列由各组变量值和各组的次数构成，主要用于反映总体内部的数量结构、分布状况和分布规律。

变量数列按变量表示方法的不同，可以分为单项式变量数列和组距式变量数列。

（1）单项式变量数列。单项式变量数列又称单项数列，它是以一个变量值为一组而编制成的变量数列。一般来说，当离散变量的变量值的变动范围不大，变量值的个数也不多时，可考虑编制单项数列。某企业工人日产量情况，如表 3-8 所示。

表 3-8　某企业工人日产量统计表

按日产量分组（件）	工人人数（人）	比重（%）
25	15	7.5
26	25	12.5
27	35	17.5
28	50	25
29	45	22.5
30	30	15
合计	200	100

在表 3-8 中，工人的日产量最高的是 30 件，最低的是 25 件，变量值只有 6 个，因而可以采用单项式变量数列来反映。

（2）组距式变量数列。组距式变量数列是以变量值的一段数值区间为一组，即每个组的变量值是从多少到多少的一个变动范围或区间来表示，这种形式的变量数列即是组距式数列。某地区商业企业销售收入情况，如表 3-9 所示。

表 3-9　某地区商业企业销售收入统计表

销售收入（万元）	企业数（个）	比重（%）
80～90	2	7.14
90～100	4	14.29
100～110	16	57.14
110～120	6	21.43
合计	28	100

组距式数列适用于变量值个数较多，变动范围较大的离散型变量以及所有的连续型变量。

在组距式数列中，涉及组限、组距、组数、组中值等问题。

在组距式数列中，组距两端的数值称为组限，是用来表示各组之间界限的变量值，是决定事物质量的数量界限。其中，每组的起点数值，即在每一组中最小的变量值为下组限，简称下限；每组的终点数值，即在每一组中最大的变量值为上组限，简称上限，上限和下限表示各组标志值变动的两端界限。如表 3-9 中，左栏的数据都是组限，在第一组中“80”是下限，“90”是上限。

组限的表达形式与变量的特点密切相关。如果分组标志是连续型变量，组限一般用重合式表达；如果分组的标志是离散型变量，组限一般用不重合式表达。所谓重合式，就是相邻的两组中，前一组的上限与后一组的下限数值相重叠。如表 3-9 中各组的组限 90、100、110，既作为前一组的上限，又作为后一组的下限。在分组时，凡是遇到某单位的标志值正好等于相邻两组上下限的数值时，一般按照“上限不在本组”的原则进行处理。所谓不重合式，是指前一组的上限与后一组的下限，两变量值紧密相连但不重叠。如企业按工人人数分组时，第一组的上限是 499 人，而第二组的下限是 500 人，两者紧密连接，但不重叠。

组距是指一组变量值的区间长度，也就是每一组的上限与下限之间的差，即“组距＝上限－下限”。

编制组距式数列时，根据各组的组距是否相等可以分为等距数列和不等距数列。等距数列是指各组组距都相等的数列，不等距数列是指各组组距不相等的数列。编制组距式变量数列时，采用等距数列还是不等距数列，要根据研究的目的和现象的特点来决定。在标志值变动比较均匀的情况下，可以采用等距分组。当标志值变动幅度较大或急剧地增长、下降、变动不均匀时，可以采用不等距分组。等距数列能清楚地反映总体的分布特征，而不等距数列则能比较准确地反映总体内部各组成部分的性质差异。一般情况下，采用等距分组的方式较多，因为它便于各组间的比较和分析。如人口按年龄分组编制的等距数列和不等距数列，见表 3-10 和表 3-11。

表 3-10　某地区人口年龄构成

按年龄分组（岁）	人口数（万人）	比重（%）
10 岁以下	50	2.538
10～20	180	9.137
20～30	320	16.244
30～40	520	26.396
40～50	450	22.843
50～60	300	15.228
60 以上	150	7.614
合计	1 970	100

表 3-11　某地区人口年龄构成

按年龄分组（岁）	人口数（万人）	比重（%）
1 以下（婴儿组）	30	1.5
3（幼儿组）	100	5
3～7（学龄前儿童组）	220	11
7～18（青少年组）	380	19
18～35（青年组）	620	31
35～60（中年组）	490	24.5
60 以上（老年组）	160	8
合计	2 000	100

在表 3-11 中，对人口按年龄进行不等距分组，将全部人口划分为婴儿组、幼儿组、学龄前儿童组、青少年组、青年组、中年组和老年组七个类别。与表 3-10 相比，表 3-11 更清楚地显示人口的年龄构成。

组数是指组的个数。在所研究总体一定的情况下，组数的多少和组距的大小是紧密联系的。一般来说，组数和组距成反比关系，即组数少，则组距大；组数多，则组距小。如果组数太大，组距过小，会使分组资料烦琐、庞杂，难以显示总体内部的特征和分布规律，同时还有可能把同质单位归到不同组中，显示不出事物的特点；如果组数太小，组距过大，又会把不同质的单位归到同一组内，掩盖了质的差异，从而会失去分组的意义，达不到正确反映客观事实的目的。在确定组距和组数时，应该注意保证各组都能有足够的单位数，组数既不能太多，也不宜过少，以能充分体现现象的分布特征为宜。

组中值，即上下限之间的中点数值。经过组距式分组后，各个单位具体标志值看不见了，只有这些标志值变化的区间。但是，在大多数情况下，仅大概地了解这些标志值变化的区间是不够的，还需要确定一个能代表各组标志值一般水平的数值。这个数值就是组中值，它在统计分析中运用比较广泛。

在组距式分组中，通常假定组距内的标志值是分布均匀的，组中值的计算公式为：

组中值＝（上限＋下限）/2

在组距式分组中，如果全部变量值中的最大值或最小值与其他变量值差相太多时，可以考虑采用开口式组距，即第一组用“多少以下”，最后一组用“多少以上”来表示。如居民按月收入分组，第一组为 500 元以下，最后一组为 1 500 元以上。遇到这样开口组的情况时，其组中值以相邻组组距为依据进行计算，计算公式为：

缺下限组的组中值＝上限－邻组组距/2

缺上限组的组中值＝下限＋邻组组距/2

用组中值来代表各组实际变量值的一般水平，其前提条件是：各组的变量值在其组内是均匀分布的，或在组中值两侧呈对称分布。实际上，完全满足这一条件的可能性很小，所以组中值实际上只是各组变量值实际平均水平的近似代表值。在编制组距式数列时，应充分考虑到这一因素，尽可能减少其代表的误差。同时，为了计算的简便，应尽量使组中值取整数。

综上所述，分配数列的分类如下图所示：

- 分配数列
  - 品质分配数列
  - 变量分配数列
    - 按变量类型的不同
      - 离散型变量数列
      - 连续型变量数列
    - 按变量值变动范围的大小
      - 单项式数列
      - 组距式数列
        - 等距数列
        - 不等距数列

（三）变量数列的编制

1. 确定变量数列的形式

对离散型变量，如果变量值的个数少、变动范围小，则可编制单项数列；如果变量值的个数较多、变动范围较大，则可编制组距式数列。对于连续型变量，由于其变量值不能一一列举，只能采用组距式数列。

例如，某班 40 名学生的统计原理成绩如下：

89	97	86	60	84	87	54	81	60	89
93	99	65	79	77	73	94	88	82	78
65	67	98	66	83	85	76	77	79	59
63	84	95	79	100	74	92	82	72	70

上例某班学生的统计原理成绩资料分散零乱，显示不出什么特征，将它由小到大排列，得到以下资料：

54	59	60	60	63	65	65	66	67	70
72	73	74	76	77	77	78	79	79	79
81	82	82	83	84	84	85	86	87	88
89	89	92	93	94	95	97	98	99	100

从上面排序的资料中可以看出，该班学生的最高分（最大值）是 100 分，最低分（最小值）是 54 分，因此，全距是：

全距＝最大值－最小值＝100－54＝46 分

根据对上例的分析，可确定编制一个等距的连续型的组距数列。

2. 确定组距和组数

组距与组数的确定，应本着力求符合现象的实际情况，反映总体分布特点的原则。

上例学生成绩，如果组距选择 4 或者 5，则组数过多，难以看出成绩的分布特征。如果组距选择 20 或者 30，则组距过大，每组的成绩相差幅度太大，也难以正确地显示出成绩的分布特征。一般经验告诉我们，对于成绩的分组，组距一般为 10，则组数为：

组数＝全距/组距＝46/10＝4.6（取整数为 5）

3. 确定组限与组中值

关于组限的确定，应注意以下几个问题：

（1）最小组的下限应低于最小变量值，最大组的上限应高于最大变量值。上例中学生的学习成绩，最低 54 分，最高 100 分，所以第一组的下限应取 50 分即可，因为组距为 10，依次类推分为 50～60、60～70、70～80、80～90、90～100 五组。

（2）组限的确定要表现出总体分布特点，反映出现象质的变化。对于一些区分现象不同性质的关键值，如计划完成程度中的 100％、成绩中的 60 分等均应列为组限。上例对学生学习成绩分组 50～60、60～70 中的 60 分，就是划分成绩及格与不及格的分界线，一定要作为组限。

（3）对于等距数列，如果组距是 5，10，…，100，…，则每组的下限最好是它们的整倍数。

4. 归类汇总，编制分布数列

归类汇总是指根据各个总体单位的具体标志值，把它们一一归入每一组中，在归类汇总时要坚持“不重复不遗漏”的基本原则。归类汇总后即可根据归入每组中的总体单位数计算各组的次数（或频数），各组的次数相加之和，应等于总次数（或总频数）。各组次数与总次数之比，即为比率（或频率），各组频率之和应等于 1 或者 100％。在计算频率时，除了最后一组外，如果遇见有除不尽的情况，应在小数点后两位四舍五入，最后一组的频率用 100％减去前面各组的频率。上例中学生统计原理成绩经过归类、汇总、整理后形成变量数列，如表 3-12 所示。

表 3-12　某班学生统计原理成绩统计表

按成绩分组	人数（人）	比重（％）
50～60	2	5
60～70	7	17.5
70～80	11	27.5
80～90	12	30
90～100	8	20
合计	40	100

通过上表可以看出全班 40 名同学统计原理成绩的分布状况，不及格的同学只有 2 名，90 分以上的同学有 8 名，绝大部分同学的成绩集中在 80 分左右，总的来看，成绩还是不错的。

为了满足统计分析的需要，有时要列出各组的累计次数。在上例中，如果我们想要了解成绩在 80 分以上或 80 分以下的同学有多少名或占总人数的比重，这就需要计算累计次数。现以表 3-12 的资料为例，说明累计次数的计算。

表 3-13　累计次数表

按成绩分组	次数		向上累计		向下累计	
	人数（人）	比重（%）	人数（人）	比重（%）	人数（人）	比重（%）
50～60	2	5	2	5	40	100
60～70	7	17.5	9	22.5	38	95
70～80	11	27.5	20	50	31	77.5
80～90	12	30	32	80	20	50
90～100	8	20	40	100	8	20
合计	40	100	—	—	—	—

从上表中可以看出，成绩在 80 分以下的同学有 20 名，有 20 名同学的成绩在 80 分以上。

分配数列的编制，特别是组距式变量数列的编制，其灵活性较大，即使对于同一研究目的和同一原始资料，由于研究者的认识水平和工作习惯不同，也会得出不同的结果。但必须强调的是，编制组距式变量数列一定要客观反映现象的总体特征。

四、统计资料的汇总

（一）统计汇总的意义

统计汇总是指在统计分组的基础上，把总体单位及其各个方面的标志表现分别进行综合和加总，最终得到总体指标的过程或工作。经过统计汇总，完成了从单位到总体，从标志到指标的认识过程。

从完整的统计整理过程来看，统计分组仅完成了整理工作的一部分。在分组的基础上，还要进行大量的汇总工作，即把总体单位各个方面的标志表现综合为指标。统计的直接目的就是要得到指标，没有汇总，就没有指标。因此，汇总是统计整理的主要内容，在此基础上才能做各种统计分析。

把统计汇总的结果和统计分组结合在一起，既可以观察和分析总体各个方面的分布特征，又可以补充说明总体的总量指标和平均指标掩盖的变异差距，为分析研究对象的均匀、稳定、协调性提供条件，从而更加全面和深入地认识社会经济现象。因此，统计汇总对于全面和深入地认识问题具有重要的意义。

（二）统计汇总的方法

资料汇总是统计整理的中心内容。统计分组后，按照统计分组的要求，对统计调查单位的项目进行归类、汇总，计算各组的单位数和各组标志总量以及总体单位总数和总体标志总量，并在此基础上加以全面的汇总，计算出综合指标，编制分配数列。由于统计总体的大量性，决定了统计汇总工作的难度，因此，要做好这项工作，还要讲究技术。具体来说，资料汇总技术主要包括手工汇总和电子计算机汇总两种。

1. **手工汇总**

手工汇总是用算盘或计算器进行的汇总，它在我国统计汇总中使用较普遍。其常用的方法有以下几种：

（1）折叠法。折叠法是将调查表中需要汇总的同一横行或纵栏的数值预先折好，在一条线上进行汇总，再将汇总结果填入统计表中。这种方法适用于对标志值的汇总，不需过录，简便易行，也不需设计汇总表，所以在实际工作中常常被采用。缺点是在汇总的过程中发现错误，只能从头再来，就会前功尽弃，无法从汇总过程中查明产生差错的原因。

（2）划记法。划记法是在汇总表上以点线符号（如正、册等）表示各组总体单位数的方法。汇总时，根据总体单位归属的组别，在该组内点一个点或画一条线，最后计算出各组点或线的数目，得到各组的总体单位数。这种方法运用简便，但它只能汇总总体单位数，不能汇总标志值，而且划线太多，容易出错，所以划记法一般在总体单位数不多且只要求汇总单位数，不要求汇总标志值时运用。

（3）过录法。过录法是先将原始资料过录在事先设计好的整理表上，然后计算出各组和总体的单位数或标志值的累计数，再将计算结果填到统计表上。这种方法既可以汇总单位数，又可以汇总标志值，而且便于校对。但由于过录工作花时间，过录项目一多，也容易发生错误。因此，在总体单位不多，分组简单的情况下可采用此方法。

（4）卡片法。卡片法是把每个调查单位的有关资料摘录到一张卡片上，利用卡片进行分组和汇总。这是汇总大量调查资料的一种比较科学的方法，比上述三种手工汇总方法更为简便准确。但如果调查资料不多，采用卡片法就很不经济。

2. **电子计算机汇总**

电子计算机汇总是利用现代电子计算机技术进行统计汇总和计算工作，这不仅是统计汇总技术的新发展，也是实现统计现代化的一个重要标志。随着科学技术的不断发展，统计资料整理经历了算盘、计算尺、手摇计算机、电动计算机到电子计算机汇总的历程，其汇总速度和质量越来越高。电子计算机具有强大的数据处理功能，而且具有运算速度快，精确度高，数据储存量大，修改、储存、取用方便，程序自动执行等特点，这些都是手工汇总无法比拟的。其方法分为以下几个步骤：

（1）编写程序。就是按照计算机语言对统计资料处理工作进行全面系统的安排，它是计算机进行统计汇总的一个重要环节。具体地说，就是把统计整理方案翻译成计算机能够识别的指令——程序，计算机将按照这些程序进行运行。设计程序时应尽量使程序结构模块化。这种程序便于阅读，结构清楚，条理性强，容易发现并修改错误。

（2）编码。就是根据计算机程序的规定将汉字信息数字化。通过编码可以使统计工作的数据处理规范化、标准化、系统化，便于数据资料的管理，提高数据录入和处理的速度，方便数据的分类、汇总，从而实现对数据资源的有效处理。编码设计是一项复杂的工作，其质量如何不仅影响数据输入的速度和质量，还将影响数据处理的最终结果。因此，在设计编码时要十分谨慎，它往往需要花费很长的时间（如全国的商品编码一般要用十几年的时间才能完成），编码体系一旦确定便不宜进行修改。

（3）录入数据。就是把经过编码后的数据和实际数据通过录入设备录入到计算机当中。

(4) 数据编辑。就是按照事先规定的一套编辑规则对输入计算机的原始数据进行检查。将误差超过允许范围一组数据退回去，重新检查予以更正，把在允许误差范围内的个别误差按编辑规则进行更正。

(5) 制表打印。所有的数据，经过检查以后，由计算机正式汇总，并按照事先规定的汇总表式和汇总层次进行统计制表，并通过输出设备将汇总的结果打印出来。

必须指出，现代计算机发展迅猛，计算机应用技术也是日新月异，这就为利用计算机进行资料整理提供了极大的方便，人们甚至可以不经过上述五步工作，只需安装好某些专用软件就可以直接在计算机上进行各种汇总工作和统计计算与分析工作了。

(三) 统计汇总的组织形式

由于统计汇总的资料繁多，范围广泛，而且对汇总资料也有不同的要求，所以需要采取科学、合理的组织形式，保证统计汇总工作的顺利进行。统计汇总的基本形式有逐级汇总和集中汇总，还有由这两种形式结合而成的综合汇总。其中逐级汇总是最常用的。

1. 逐级汇总

是按照一定的统计管理体制，自下而上逐级汇总本地区、本系统或本单位的调查资料。我国现行的统计报表制度就是采取这种组织形式。

2. 集中汇总

是将全部调查资料集中到组织统计调查的最高一级机关或它指定的机构统一汇总。

3. 综合汇总

是将逐级汇总和集中汇总结合起来的一种组织形式，即对于各地区和各级都需要的基本资料实行逐级汇总，对需要在全国范围内进行加工的资料或者本系统的全面资料则实行集中汇总。

近年来，随着计算机的普及和计算机技术的飞速发展，我们借助于现代计算机技术和网络技术可以实现各级统计汇总的同步进行，逐级汇总、集中汇总、综合汇总的含义也将发生变化。例如，采用逐级汇总这种组织形式进行资料汇总时，只要各基层单位将原始数据输入数据库，各级汇总工作即可同时展开，上级部门的汇总工作不再需要等下一级的汇总工作结束之后才能进行，统计汇总的效率和质量将会不断提高。

五、统计图表

经过统计整理以后的统计资料包括两个方面的内容，即数据资料和相关的文字资料。其中，数据资料的条理化、科学化往往通过统计图和统计表显示出来，因此，统计图、表就成为显示统计数据的重要工具。

(一) 统计表

1. 统计表的概念

统计整理的结果可以有不同的表现形式，统计表是应用最为广泛的形式。统计表是以纵横交叉的线条所绘制的表格来表现统计资料的一种形式。广义的统计表包括统计工作各个阶段中所用的一切表格，如调查表、整理表、计算分析表等。这里主要是介绍表现统计资料整理结果所用的统计表。

统计工作在注重内容的同时，决不能忽视形式的作用。统计必须通过尽可能完善的表现形式，来表达调查统计分析的内容，提高统计工作的效率。

数字是统计的语言，统计研究社会经济现象的数量关系主要是通过数字资料加以表现的。统计表就是系统地表达数字资料的形式。在一张统计表上，大量的数字资料，系统地组织和合理地安排，便于对照比较，使得统计资料的表现显得紧凑、有力、突出、集中和醒目。因此，统计表在统计工作中发挥着重要的作用。

2. 统计表的作用

（1）统计表可以使数字系统化，更清晰地表达资料的内容。

（2）统计表表达统计资料比用叙述和罗列统计数字的方法来表达统计资料简明易懂，节省篇幅。

（3）统计表表达统计资料，是把大量的统计数字按照逻辑的顺序排列起来，便于计算、分析、比较、记忆，易于发现规律和相互联系，也便于总计、审查、检查数字汇总结果的准确性和资料的完整性。

3. 统计表的结构

（1）从统计表的形式上看，统计表由总标题、横行标题、纵栏标题和数字资料四部分组成，如表 3-14 所示。总标题是表的名称，它简明扼要地说明统计表的内容，写在表的上端中央。横行标题也叫做横标目，是表的横行的名称，在统计表中通常用来表示所分各组的名称或总体的各单位数，它代表统计表所要说明的总体，一般写在表的横行的左端。纵栏标题又叫做纵标目，是表的纵栏的名称，在统计表中常用来表示统计指标的名称，一般写在表的栏次上端。数字列在各横行线与纵栏线交叉的空格里，统计表中任何一个数字的内容都是由横行标题和纵栏标题所限制的。

有些统计表在表下还增列了补充资料，如注解附注、资料来源、指标的计算方法、填报单位、单位负责人、填表人员和填表日期等。

（2）从统计表的内容上看，统计表由主词和宾词两部分组成，如表 3-14 所示。主词是统计表所要说明的对象，即所要说明的总体、总体的各个组、各个单位的名称或者是各个时期。一般按照一定的顺序排列在表的左边。宾词是统计表中用来说明总体的统计指标，包括指标名称和指标数值，从上到下排列在表中主词栏的右边。

总标题

表 3-14　某年某市各类工业企业增加值

按经济类型分组	工业企业数（个）	增加值（万元）
（甲）	（1）	（2）
国有经济	210	88 000
集体经济	93	16 500
私营经济	28	1 000
其他经济	26	900
合计	357	106 400

横行标题　纵栏标题　数字资料

为了更好地发挥统计表在统计数据方面的作用，可以选择不同的标志对统计表进行分类。

4. **统计表的种类**

（1）调查表、汇总表和分析表。按照统计表的作用不同，可以分为调查表、汇总表和分析表。调查表是在统计调查过程中用于登记、搜集原始资料的表格。汇总表是用于统计资料整理、汇总的表格。分析表是用于对统计资料进行分析时使用的表格。

（2）简单表、分组表和复合表。简单表是主词未作任何分组的统计表。有以下两种形式：

①按照总体单位排列的统计表，如表 3-15 所示。

表 3-15　某厂某年总产值

车间名称	总产值（万元）
第一车间	780
第二车间	660
第三车间	680
第四车间	550
合计	2 670

②按照时间顺序排列的统计表，如表 3-16 所示。

表 3-16　某市历年国民的消费统计表

年　份	消费总额（万元）		
	居民消费	社会消费	合计
1994	467 037	47 146	514 183
1995	502 046	50 268	552 314
1996	594 167	59 581	653 748
1997	714 959	88 429	803 388
1998	815 882	93 296	909 178
1999	889 333	110 689	1 000 022
2000	1 519 113	191 127	1 710 240
2001	1 220 847	198 402	1 419 249

分组表是将主词部分按照某一标志分组的统计表，它可以反映现象之间的内部结构和相互依存关系，如表 3-17 所示。

表 3-17　某年我国各类工业企业利润和税金总额统计表

企业按所有制分组	企业数（万个）	利润和税金总额（亿元）	平均每个工业企业利润和税金总额（万元）
国有企业	9.91	1 774.87	179.1
集体企业	185.3	685.77	3.7
个体企业	614.8	25.05	0.04
其他企业	0.54	55.68	103.11
合计	810.55	2 541.37	285.95

复合表是将主词部分按照两个或两个以上的标志层叠起来进行分组而组成的统计表，如表 3-18 所示。

表 3-18　2003 年某企业工人人数及月工资情况

职工按性别和工龄分组	职工人数（人）	工　资	
		＜450 元	＞450 元
男职工	200	65	135
＜15 年	70	40	30
＞15 年	130	25	105
女职工	100	24	76
＜15 年	40	14	26
＞15 年	60	10	50
合计	300	89	211

5. **统计表编制的规则**

统计表的设计应科学、实用、简练、美观，因此编制统计表时应遵循以下规则：

（1）统计表的设计要根据内容通盘考虑表的布局，一般应设计成由纵横线条交叉组成的长方形表格，长宽之间应保持适当的比例。

（2）统计表的各种标题，特别是总标题的表达，应当简练准确，高度概括统计表要说明的对象和内容，并表明统计资料的空间范围和时间范围。

（3）表的上、下两端的端线应以粗线绘制，左右两端不封口；纵栏之间用细线分开，横行之间可不划线。

（4）表中主词各行和宾词各栏的排列，一般应按照先局部后整体的原则，即先列出各个项目后列出总计。当不需要列出全部项目时，可以先列出总计，再列出一些必要项目。

（5）如果统计表的栏数比较多，通常要加编号。在主词和计量单位栏用甲、乙、丙等文字表示，宾词各栏用 1、2、3 等数字表示。如果各指标之间有对应的计算关系，可以用数字序号把计算关系表示出来，例如“⑤＝③×④”。

（6）表中各栏数字应填写整齐，位数对准，当数字为 0 或因数小而忽略不计时，要写上 0；当缺乏某项资料时，用符号“…”表示；当某项数字不必要时，用符号“—”表示；估算的数字应在表下说明；如果某项数字与邻项的数字相同，仍然要填写数字，不得用“同上”“同左”等字样代替。

(7) 表中必须注明数字资料的计量单位，如果全表只有一种计量单位，可以把它写在表头的右上方；如果表中需要分别注明不同的计量单位时，横行的计量单位可以专设一栏；纵栏的计量单位要与纵栏标题写在一起，用小字标写。

(8) 对于某些需要特殊说明的统计资料，应在统计表的下方加以说明。此外，如果属于实际统计资料还要注明统计资料的来源，以便考察。

(9) 制表完毕经审查后，应加盖公章，填表人签名，主管负责人签字。如果有数据必须修改，修改处应加盖修改人员的印章，以示负责。

(二) 统计图

1. 统计图的概念及作用

统计研究的结果是通过文字、表格、图形三种形式表达出来的。统计图是利用几何图形或具体形象来表现统计资料的一种资料表现形式。它和统计表一样，是显示和分析统计资料的基本形式和方法之一。

将统计资料绘制成统计图，可以使复杂的数字通俗化、简单化、形象化，便于记忆和比较。相比之下，它比统计表更为直观，更易理解，更具有说服力，尤其是在揭示经济现象的发展趋势，检查工作进度与计划执行情况，对比分析现象在不同时间、空间的状况等方面，都起着很重要的作用。因此，统计图具有简明具体、生动形象、通俗易懂，给人以明确、深刻的特点。

2. 统计图的分类

统计图按照其表现形式不同，可以分为几何图、象形图、统计地图三种。

(1) 几何图。几何图是利用线段显示统计资料的一种图形，它包括条形图、平面图、线形图三种。条形图和平面图是以图形的长短、多少、面积的大小来表示现象的对比关系与总体结构的；线形图是以线形的升降起伏来表明现象的变动，揭示现象的发展趋势，分析现象的依存关系和分配情况的。

(2) 象形图。象形图是利用事物本身的具体形象来显示统计资料的图形。

(3) 统计地图。统计地图是在地图上利用点、线、面或形象等标志来显示现象在不同地区分布情况的一种图形。

3. 几种常用的统计图

(1) 条形图。条形图是以条形的长短或高低来比较统计指标数值大小的图形，它是统计图中最常见的图形。条形图所比较的统计指标可以是绝对数，也可以是相对数或者是平均数。

绘制步骤：

①画出轮廓线。

②绘制直角坐标，以横轴为基线。

③绘制条形。

④绘制指导线。

⑤用线纹或者是颜色填充图形。

⑥书写图题、图目、图注。

绘制条形图的规则：

①各个条形的宽度应该相等。

②条形之间的距离应该相等。

③尺度必须从 0 开始，基线与尺度线垂直，绘于尺度点“0”处。

④条形的排列应该有次序。

⑤根据制图的目的和条形图的设计，确定是否加注指标数值。

⑥应将时间或单位绘制在坐标的横轴上，指标绘制在坐标的纵轴上。

如图 3-1 所示，这是一个条形图，也称为柱形图。

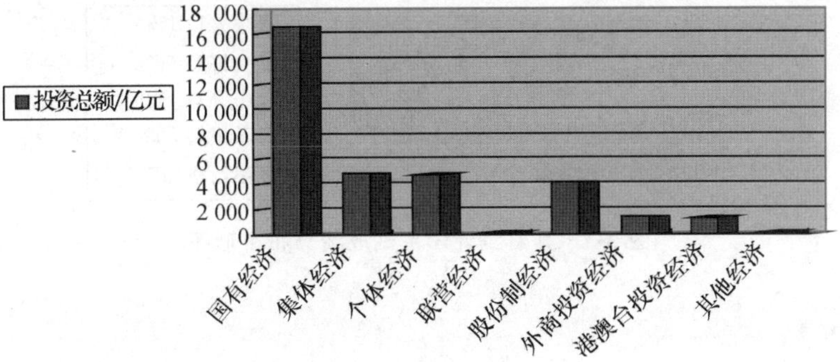

图 3-1　我国 2000 年不同所有制单位投资总额经济类型分布图

（2）曲线图。曲线图又称为折线图，它是利用曲线的升降变化来表示现象发展变化趋势的一种图形。它在分析研究社会经济现象的发展变化、依存关系等方面具有重要的作用，如图3-2所示。

绘制步骤和规则：

①绘制一直角坐标。

②以纵横轴为尺度线，在线上标明尺度点和尺度数。

③从纵横各尺度点上引出与横纵轴平行的细直线交叉构成坐标格。

④根据图示资料和尺度标出坐标点。

⑤用直线连接各坐标点绘制出曲线。

⑥绘制图题、图目、图注。

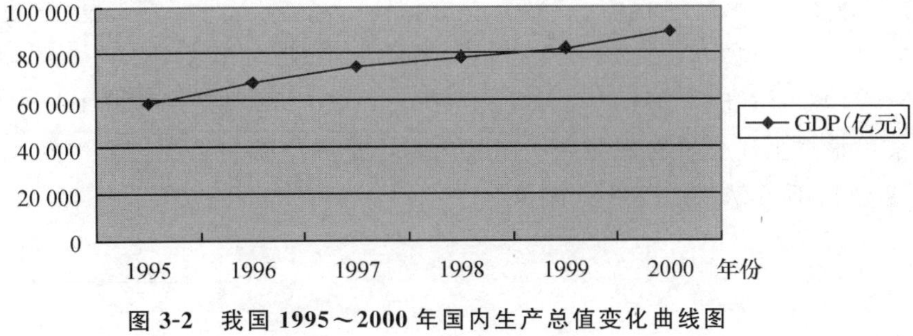

图 3-2　我国 1995～2000 年国内生产总值变化曲线图

绘制曲线时，如果是某一现象的时间指标，应将时间绘在坐标的横轴上，指标绘在坐标的纵轴上。如果是两个现象依存关系的显示，可以将表示原因的指标绘在横轴上，表示结果的指标绘在纵轴上。

(3) 饼形图。饼形图是以“饼”的面积大小来显示统计资料的一种图形。它主要用于反映现象的内部结构及其变化，如图 3-3 所示。

绘制饼形图时，整个饼的面积代表 100%，然后分别绘制各部分代表的百分比。如果将不同时间或不同单位的饼形图绘制在一起，还应根据两者该项总量指标之间的比例关系来确定“饼”与“饼”之间的比例关系。饼形图一般要有图例说明。

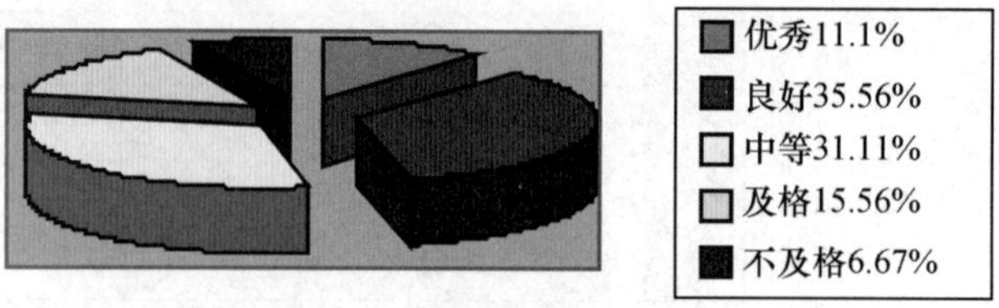

图 3-3　某班统计学考试成绩分布饼形图

【复习与思考】

1. 什么是统计整理？它在统计研究中有何意义？
2. 什么是统计分组？它的作用是什么？
3. 什么是分配数列？分配数列有哪些种类？
4. 次数分布有哪些表示方法？
5. 什么是统计表？它有哪些作用？
6. 离散型变量和连续型变量有什么不同？在什么情况下可以编制单项式数列？什么情况下应编制组距式数列？
7. 统计表的编制规则是什么？

【练习题】

1. 某车间同工种的 40 名工人完成个人生产定额百分比资料如下：

97	88	123	115	119	158	112	146	117	108
105	110	107	137	120	136	125	127	142	118
115	114	117	124	129	138	100	103	92	95
107	108	105	119	127	104	103	87	113	126

要求：根据上述资料编制等距式变量数列，进一步编制累计次数和累计频率数列。

2. 某地区工人劳动生产率资料如下：

工人按劳动生产率分组（元/人）	企业数（个）	组中值（元）	频率（%）
3 000 以下	1		
3 000～4 200	3		
4 200～5 400	4		
5 400～6 600	4		
6 600～7 800	3		
7 800～9 000	2		
9 000 以上	3		
合计	20		

要求：(1) 将上表中的空格填列完整。

(2) 指出上表中统计分组的组距。

3. 某年某地区 12 个工业企业的资料如下表所示：

企业编号	经济类型	企业规模	职工人数（人）	全年总产值（万元）
1	国有企业	大	5 600	30 000
2	国有企业	大	4 700	28 000
3	其他类型企业	中	2 400	2 200
4	个体企业	小	300	200
5	集体企业	中	800	740
6	个体企业	小	160	120
7	个体企业	小	80	35
8	集体企业	小	65	30
9	国有企业	小	120	80
10	其他类型企业	中	1 000	1 200
11	集体企业	中	1 800	2 000
12	个体企业	小	400	250

试根据上述资料按经济类型和企业规模进行简单和复合分组，计算各组企业数、职工人数和总产值，并编制统计表。

【实训项目】

某车间同工种的 40 名工人完成个人生产定额百分比资料如下：

108	95	117	92	146	103	118	106	142	113
127	87	112	100	125	102	158	138	133	104
119	126	120	107	115	124	137	119	123	118
107	104	87	108	110	114	98	115	105	107

要求：根据上述资料编制次数分布表，并绘制直方图。

任务四

综合指标

【任务目标】

知识目标：

1. 理解总量指标的概念、种类。
2. 掌握时期指标和时点指标的区别。
3. 理解相对指标的概念，掌握各种相对指标的计算。
4. 掌握算术平均数、调和平均数的计算和应用条件。
5. 掌握标准差的计算。

能力目标：

1. 准确区分时期指标和时点指标。
2. 各种相对数的计算和应用。
3. 各种平均数的计算和应用。
4. 标准差、标准差系数的计算和应用。

【案例导入】

2012年长沙市全年GDP实现6 399.91亿元，增长13%

据长沙市统计局3月19日发布的《长沙市2012年国民经济和社会发展统计公报》显示，2012年，长沙市全年实现地区生产总值（GDP）6 399.91亿元，比上年增长13%。

人均GDP为全省的2.7倍

第一、二、三产业对GDP增长的贡献率分别为1.2%、61.5%、37.3%。按常住人口计算，人均GDP达89 903元，比上年增长12.1%。

从份额来看，2012年长沙市GDP总量在全省的占比为28.9%，人均GDP为全省的2.7倍，经济总量在长株潭三市中的占比达67.8%。

在投资方面，2012年长沙市完成固定资产投资4 011.96亿元，比上年增长20.3%。其中，全年完成房地产开发投资1 032.00亿元，比上年增长16.4%。2012年全市商品房销售面积1 526.93万平方米，增长1.8%。全市商品房销售额931.56亿元，其中住宅销售额776.13亿元，增长2.1%。在外贸方面，2012年长沙市进出口总额（海关口径）86.93亿美元，比上年增长16.1%，其中出口总额51.74亿美元，增长26.7%；进口总额35.19亿美元，增长3.3%。

城镇居民人均可支配收入3万多元

2012年长沙城镇居民人均可支配收入30 288元，比上年增加3 837元，增长14.5%。其中，人均工资性收入17 699元，增长17.5%；人均经营净收入4 455元，增长6.2%；农村居民人均可支配收入15 057元，比上年增加2 339元，增长18.4%；农民人均纯收入15 763元，增长17.6%。

在消费支出方面，2012年，长沙城镇居民人均消费性支出19 460元，增加1 678元，增长9.4%，服务性消费支出5 520元，增长10.6%。在城镇居民消费分类中，食品消费增长9.2%；衣着消费增长15.1%；医疗保健消费下降7.0%；居住消费增长14.8%。长沙城市居民2012年年末每百户家庭拥有家用汽车36.5辆，家用电脑96.4台，接入互联网的计算机76.2台，人均住房建筑面积33.08平方米。

农民消费支出也大幅增长。数据显示，2012年，长沙全年农民人均生活消费支出10 155元，增长18.4%，在消费分类中增长较快的是衣着消费支出和文化教育娱乐消费支出，分别增长28.4%和27.8%。农村居民平均每百户家庭拥有家用汽车17辆，家用电脑28台，移动电话机233台。农村居民人均住房面积62.57平方米。

资料来源：http：//www.hn.xinhuanet.com/2013-03/20/c_115087740.htm

【理论指导】

一、总量指标

（一）总量指标的概念

总量指标是反映某一现象总体在一定时间、空间条件下总规模或总水平的指标。其表现形式为绝对数，因而又称为绝对指标。例如，一个国家或地区某一时期的人口总数、耕地面积、国内生产总值等，一个工业企业某年工业产品产量、工业增加值、利润总额等。很明显总量指标也就是前面所述的数量指标。

总量指标是最基本的综合指标，其作用表现在以下几方面：

（1）总量指标是认识社会经济现象总体的起点。人们要想认识一个国家的实力，以及社会及经济发展的状况，首要的问题就是要准确掌握客观现象在一定时间、空间条件下数量的多少。

（2）总量指标是编制社会经济发展计划、实行经济管理的重要依据。在制订计划及经济管理中，一定要做到心中有数，否则，制定的计划不会符合实际情况，管理会出现瞎指挥。而这个“数”就是有关现象的总数即总量指标。

（3）总量指标是计算相对指标和平均指标的基础。相对指标和平均指标一般是由两个有关系的总量指标对比计算出来的，它们是总量指标的派生指标。总量指标是否科学合理，直接影响各派生指标的准确性。

（二）总量指标的种类

1. 总量指标按反映的内容不同，分为总体标志总量和总体单位总量

总体单位总量是表明总体单位数多少的总量指标，它是总体单位数的总和，简称为单位总量。例如，要了解某市工业生产经营情况，则该市的每一个工业企业就是总体单位，该市的工业企业总数就总体单位总量。

总体标志总量是总体中各单位某一标志值之和的总量指标。例如，研究某市工业生产经营状况时，各工业企业的工业总产值是标志值，将该市各工业企业的工业总产值汇总所得该市的工业总产值指标，就是一个总体标志总量。

总体单位总量与总体标志总量并不是固定不变的，而是随着研究的目的不同而变动。例如，以全国工业企业为总体，每个工业企业为总体单位，则全国工业企业的“职工人数”是各工业企业职工人数之总和，为总体标志总量；若以全国工业企业职工为总体，每一个职工为总体单位，则全国工业部门的“职工人数”就变成总体单位总量了。

明确总体标志总量与总体单位总量之间的差别，对计算相对指标和平均指标具有重要意义。

2. 总量指标按其所反映的时间状况不同，可分为时期指标和时点指标

时期指标是反映社会经济现象总体在一段时期内发展过程的总量指标。如产品产量、总产值、工资总额、销售额等。时点指标是反映社会经济现象总体在某一时刻（瞬间）上状况的总量指标。例如：人口数、职工人数、商品库存量等。

时期指标和时点指标都是总量指标，但两者之间有着明显不同的特点：

（1）时期指标的数值是连续登记得到的，它的每个数值都说明社会经济现象总体在相应时期发生的总量，如一年的总产值是一年中每天产值的累计之和；时点指标数值是不能连续登记的，它只能在某一时刻登记得到，如年末职工人数，是年初职工人数经过一年的变动后到年末的实有职工人数。

（2）时期指标的各期数值直接相加，可以说明社会经济总体在较长的时期所发生的总量；而时点指标数值直接相加没有实际意义。如年总产值是各月总产值相加所得，而年末职工人数不会等于各月末职工人数的总和。

（3）时期指标数值的大小与时期长短有直接关系，如一年的总产值必然大于月总产值；而时点指标的数值大小与时间间隔长短没有直接关系，如一个企业的年末职工人数不一定比某月的月末人数多。

（三）总量指标的计量单位

不同的总量指标有不同的计量单位。根据总量指标反映的社会经济现象的性质不同，计量单位一般采用实物单位、劳动单位和价值单位。

1. 实物单位

实物单位是根据事物的自然属性和特点而采用的计量单位。通常使用的实物单位有：自然单位、度量衡单位、标准实物单位、双重单位和复合单位等。

自然单位是指按照被研究现象的自然状况来量度其数量的单位。如人口以“人”为单位、汽车以“辆”为单位、机床以“台”为单位等。

度量衡单位是按照统一的度量衡制度的规定，来度量客观事物数量的计量单位。如钢铁以“吨”为单位，粮食以“公斤”为单位，木材以“立方”为单位，建筑面积以“平方米”为单位等。

标准实物单位是按照统一的折算标准来度量被研究现象数量的一种计算单位。例如，将不同发热量的能源折合为发热量为 29 307.6 千焦/千克的标准煤。

复合单位是用两种单位结合在一起表示事物数量的计量单位。如耗电量按“千瓦时”计算，货物周转量按“吨公里”计算等。

2. **价值单位**

价值单位又称为货币单位，它是以货币作为价值尺度来计量社会财富或劳动成果的一种计量单位。用货币单位的总量指标称为价值指标。如工业总产值、工资总额、利润总额等。价值指标能使不能直接相加的产品数量过渡到能相加的总量。

3. **劳动单位**

劳动单位是用劳动时间表示的计量单位，如工日、工时等。用劳动单位计算的劳动消耗量指标，可以确定劳动规模，并作为评价劳动时间利用程度和计算劳动生产率的依据。同时，劳动量也可用来反映企业生产总成果，因为劳动量在一定范围内可以相加。

二、相对指标

(一) 相对指标的意义及其表现形式

1. **相对指标的概念**

相对指标是两个有联系的统计指标数值之比，是用来反映现象之间数量联系程度的综合指标，又称为统计相对数。

社会经济现象是错综复杂、相互依存、相互制约的。这种关系表现在时间、空间、现象内部以及某一事物与其他事物之间的联系上。要反映现象之间的数量联系，就需将有关指标对比，计算相对指标，从而更深刻地表明现象的状况。

2. **相对指标的作用**

(1) 利用相对指标，可以综合反映现象之间的数量关系，说明现象和过程的比率、构成、速度、普遍程度等，从而更深刻地反映现象的实质。

(2) 相对指标可以使不能直接对比的总量指标找到可比的基础，从而准确判断现象之间的差异程度。例如，由于企业的规模不同，不能直接用利润额对比来说明同类企业经营成果的好坏，但计算产值利润率，则可做出恰当评价。

(3) 相对指标是进行经济管理及考核企业经济活动成果的重要指标。在经济管理中，可广泛运用相对指标，检查监督国民经济的运行，考核企业的经济活动成果。

3. **相对指标的表现形式**

相对指标的表现形式可分为两类：

(1) 有名数。它主要用来表现强度相对指标的数值，它是以相对指标中分子与分母指标数值的双重计量单位来表示的。如，人均国内生产总值用“元/人”表示，人口密度用“人/平方公里”表示等。

(2) 无名数。相对指标大多数以无名数来表示，无名数是一种抽象化的数值，常用系数、倍数、成数、百分数、千分数、翻番数表示。

系数和倍数是将对比基数抽象为1而计算出来的相对数。两个数字对比时，其子项和母项指标数值相差不大时，用系数表示。如工资等级系数，产品折合系数等。两个数字对比，当子项指标的数值较母项大得多时，常用倍数表示。

成数是将对比基数抽象为10而计算出来的相对数，如粮食产量比上年增产1成，即增产十分之一。

百分数是将对比基数抽象为100而计算出来的相对数，它是相对数中最常见的一种形式，一般用“%”表示。如计划完成相对指标、物价指数。在统计工作中，有时把两个以百分数表示的相对指标对比，差距为1%，则称为相差1个百分点。例如，某企业总产值计划比上年同期提高5%，实际提高了7%，说明企业总产值实际比计划规定多提高了两个百分点。

千分数是将对比基数抽象为1 000而计算出来的相对数。当对比的分子数值比分母数值小很多时，不宜用百分数表示，一般采用千分数表示，如人口的出生率、死亡率等。

翻番数是指两个相比较的数值中，如果一个数是另一个数的“2^m”，则 m 是翻番数。

（二）相对指标的种类及计算方法

由于研究的目的和任务不同，对比基础的不同，可分为相对指标：计划完成情况相对指标、结构相对指标、比例相对指标、比较相对指标、强度相对指标和动态相对指标，下面分别介绍它们的计算方法及应用。

1. 计划完成情况相对指标

计划完成情况相对指标，简称为计划完成百分比，它是一定时期内的实际完成数与计划任务数之比，是用来检查、监督计划执行情况的相对指标。通常用百分数表示，其基本计算公式是：

$$\text{计划完成情况相对指标}=\frac{\text{本期实际完成数}}{\text{本期计划任务数}}\times 100\%$$

用来计算计划完成情况相对指标的分子项是对实际情况进行统计所得的数据，分母是计划指标数。在计算时要求分子、分母在指标含义、计算口径、计算方法、计量单位、时间长短和空间范围等方面都要一致。同时计划任务数是作为衡量计划完成情况的标准，因为分子分母不允许互换。

在对计划完成情况进行评价时，应根据不同经济现象的性质制定不同的评价标准。当现象越大越好时，计划指标按最低限额规定，如产量、产值等。计划完成百分比超过100%，为超额完成计划，不足100%为未完成计划。分子与分母之差为正值，表示超额完成计划的绝对数，负值表示未完成计划的绝对数。当现象越小越好时，计划完成程度按最高限额规定，如产品单位成本和原材料消耗定额等。计划完成百分比超过100%，为未完成计划，不足100%为超额完成计划。分子、分母之差为正值表示未完成计划的绝对数，负值表示超额完成计划的绝对数。

计划有短期计划和长期计划之分，计划执行情况的考核也就可分为短期计划完成情况的检查和长期计划完成情况的检查。

（1）短期计划完成情况的检查。计划指标是计算计划完成情况相对指标的基数，由于计划任务数有三种形式，即绝对数、相对数和平均数，所以计划完成情况相对指标也就有不同的计算方法。

①计划指标为绝对数。计划指标为绝对数时，计划完成情况相对指标的具体计算方法又分为两种情况：

当计划任务数和实际完成数为同一时期时，可用基本公式计算计划完成情况相对指标。例如，某企业某年的实际总产值与该年计划总产值之比，可以说明年度总产值计划执行的结果。

当实际完成数所包含的时期只是计划期的一部分时，则计划完成情况的检查，实际变为计划执行进度的检查。其计算公式为：

$$\text{计划完成情况相对指标}=\frac{\text{累计至本期的实际完成数}}{\text{全期计划任务数}}\times 100\%$$

计划执行进度要与时间进程相适应。从对全年的计划执行进度来看，一季度应完成全年计划的25%，上半年应完成全年计划的50%，截止到第三季度时应完成全年计划的75%。例如，某企业年度利润计划任务为400万元，一到三季度实际累计完成利润312万元，计划执行的进度百分比$=\frac{342}{400}\times 100\%=78\%$，表明该企业一季度至三季度提前3%的时间（78%－75%＝3%）完成年度计划执行的进度。

②计划指标为相对数。在实际工作中，当计划任务是用提高或降低的百分比来表示时，计划完成情况相对指标表现为实际完成百分数与计划任务百分数对比的结果。其计算公式为：

$$\begin{aligned}\text{计划完成情况相对指标}&=\frac{\text{实际完成百分数}}{\text{计划任务百分数}}\times 100\%\\&=\frac{1\pm\text{实际升降百分数}}{1\pm\text{计划升降百分率}}\times 100\%\end{aligned}$$

【例4-1】2015年，某企业计划规定劳动生产率较上年提高5%，实际比上年提高6%，则劳动生产率计划完成情况为：

$$\text{计划完成情况相对指标}=\frac{1+6\%}{1+5\%}\times 100\%=\frac{106\%}{105\%}=100.95\%$$

即说明该企业劳动生产率实际比计划超额完成0.95%。

【例4-2】2015年，某企业计划规定某产品单位成本比上年降低4.5%，实际比上年降低6%，则该产品单位成本计划完成情况为：

$$\text{计划完成情况相对指标}=\frac{1-6\%}{1-4.5\%}\times 100\%=\frac{94\%}{95.5\%}=98.5\%$$

即单位成本实际比计划超额完成1.5%（1－98.5%）。

实际工作中，也常用差率来检查计划的完成情况。这种方法是直接用实际增长率（或降低率）减去计划增长率（或降低率），然后用百分点表示。如例4-1中，6%－5%＝1%，表示实际劳动生产率比计划任务提高了1个百分点；例4-2中，6%－4.5%＝1.5%，说明实际单位成本比计划单位成本降低了1.5个百分点。必须注意，这种计算方法虽然简便，但与前面的计划完成情况相对指标的计算结果不同，两种方法不能互相替代。

③计划指标为平均数。当计划指标以平均数形式表达时，其计划完成情况相对指标的计算公式为：

$$计划完成情况相对指标=\frac{实际平均水平}{计划平均水平}\times 100\%$$

它适用于考核以平均水平表示的技术经济指标的计划完成情况，如工业生产中的劳动生产率、单位产品原材料消耗量等的计划完成情况。

【例 4-3】某工业企业 2015 年甲产品单位成本，计划为 500 元，实际为 480 元，则该企业甲产品单位成本计划完成程度为：

$$甲产品单位成本计划完成情况相对指标=\frac{480}{500}\times 100\%=96\%$$

说明该企业甲产品单位成本比计划降低了 4%，即 96%－100%＝－4%。

（2）长期计划完成情况的检查。在考核长期计划（如五年计划）的执行情况时，由于计划指标有两种不同的制定方法，长期计划完成情况的检查方法也就分为水平法和累计法两种。

①水平法。当计划指标是按计划期最后一年应达到的水平来规定时，则按水平法检查计划的完成情况，其计算公式为：

$$计划完成情况相对指标=\frac{计划期最后一年实际达到的水平}{计划规定计划期最后一年应达到的水平}\times 100\%$$

计算提前完成计划的时间，是根据连续一年的实际水平与计划规定最后一年的水平相等来确定的，只要在连续一年的时间内实际完成水平达到计划规定最后一年应达到的水平，就算完成了五年计划，剩余时间为提前完成计划的时间。

【例 4-4】某企业按五年计划规定最后一年的产品产量应达到 54 万吨，其计划执行情况见表 4-1。

表 4-1　某企业产量五年计划执行情况　　单位：万吨

	第一年	第二年	第三年		第四年				第五年			
			上半年	下半年	一季	二季	三季	四季	一季	二季	三季	四季
产量	40	42	21	23	11	11	12	13	13	14	14	15

根据上表资料计算：

$$计划完成情况相对指标=\frac{13+14+14+15}{54}\times 100\%=\frac{56}{54}=103.7\%$$

提前完成计划的时间的计算：按连续一年时间计算，该企业自第四年的第四季度至第五年第三季度止的连续一年时间内实际完成 54 万吨，达到计划规定最后一年应完成的产量。因此该企业提前一个季度完成了五年计划。

②累计法。当计划指标是按计划期内各年累计完成的总数来规定时，则要按累计法

计算计划完成情况相对指标。其计算公式为：

$$计划完成情况相对指标=\frac{计划期实际累计完成数}{计划期规定的累计数}\times 100\%$$

计算提前完成计划的时间，是将计划期的全部时间减去完成计划任务时所用的时间。

【例 4-5】某地区五年计划规定累计完成固定资产投资额为 90 万元，其计划执行情况见表 4-2。

表 4-2 某地区固定资产投资五年计划执行情况

	第一年	第二年	第三年	第四年	第五年			
					一季	二季	三季	四季
实际投资额（亿元）	15	17	18	19	6	7	8	7

$$计划完成情况相对指标=\frac{15+17+18+19+6+7+8+7}{90}=\frac{97}{90}=107.8\%$$

该地区超额完成计划的投资额为 7 亿元，即 97－90＝7 亿元。

由上表资料计算得知该地区从第一年开始到第五年第三季度为止共完成投资额为 90（15＋17＋18＋19＋6＋7＋8＝90）亿元，所以提前完成计划的时间＝5×4－（4×4＋3）＝1 个季度，说明提前一个季度完成了五年计划。

2. **结构相对指标**

结构相对指标是指利用分组法将总体分为若干性质不同的组成部分，然后将各组指标数值与总体指标数值对比所求得的比重。结构相对指标一般用百分数或系数来表示，其计算公式为：

$$结构相对指标=\frac{总体中部分数值}{总体全部数值}\times 100\%$$

用来对比的指标数值既可以是总体标志总量，也可以是总体单位总量。由于是总体的各组指标数值与总体指标数值对比，所以分子、分母不能互换，且各部分所占比重之和为 100%或 1。全国第五次人口普查资料见表 4-3。

表 4-3 全国第五次人口普查资料

按性别分组	人数（万人）	各组人数所占比重（%）
男	65 355	51.63
女	61 228	48.37

资料来源：全国第五次人口普查公报（第 1 号）。

首先，结构相对指标可以说明总体内部的构成情况，从而揭示现象的性质和特征；其次，通过不同时期结构相对指标的变动情况，可以反映现象的发展过程和规律。例如，把我国历年工业总产值和农业总产值在工农业总产值中所占比重计算出来，并进行比较，可以说明我国工农业相对发展的过程和趋势。此外还可以利用结构相对指标来反映事物总体的质量和工作质量，反映人力、物力、财力的利用程度。例如，工业产品合格率反映工业企业生产过程的工作质量；出勤率、设备利用率、资金利用率分别反映企业人力、物力、财力的利用程度。

3．比例相对指标

比例相对指标是反映总体中各组成部分之间数量对比程度的相对指标，计算公式为：

$$比例相对指标=\frac{总体中某一部分数值}{总体中另一部分数值}$$

比例相对指标可以用百分数表示，也可以用一比几或几比几的形式表示。例如，由表4-3资料可得我国男女性别比例为106.74∶100。

比例相对指标和结构相对指标有着密切的联系，两者的作用相同，只是对比的方法不同，侧重点有所差别，比例相对指标反映的比例关系是一种结构性比例。

比例相对指标能够反映事物内部各部分之间的数量联系程度和比例关系。社会经济生活中的许多重大比例关系，诸如人口的性别比例关系，积累和消费的比例关系，第一、第二、第三产业的比例关系等，都是通过计算比例相对指标来反映的。经常不断地研究和分析这些比例关系，有利于发现社会经济发展的规律。

4．比较相对指标

比较相对指标是表明同一时间、不同空间条件下的同类现象数量对比关系的相对指标，用百分数、系数或倍数表示。其计算公式如下：

$$比较相对指标=\frac{某一条件下的某类指标数值}{另一条件下的同类指标数值}$$

例如，2004年甲企业工业增加值为5 000万元，乙企业工业增加值为6 000万元，则甲企业工业增加值为乙企业工业增加值的83.33％（5 000/6 000×100％），乙企业工业增加值为甲企业工业增加值的1.2倍（6 000/5 000×100％）。

计算比较相对指标的两个数值，一般可以互为分子、分母，用哪个数值作为对比基数，应根据研究的目的来确定。

比较相对指标可以是两个总量指标的对比，也可以是平均指标或相对指标的对比。它既可以用于不同国家、地区、单位的对比，也可以用于先进与落后的对比，还可以用于一般与标准水平的对比，通过对比找出差距，指导工作。

5．强度相对指标

强度相对指标是将两个性质不同，但有一定联系的总量指标数值进行对比，用来说明现象强度、密度和普遍程度的综合指标。其计算公式为：

$$强度相对指标=\frac{某一总量指标数值}{另一有联系但性质不同的总量指标数值}$$

例如，人口数与土地面积对比得到的人口密度指标；主要产品产量与人口数对比得到的人均产量指标等，都属于强度相对指标。

数＋单位名称＝名数，只带有一个单位名称的叫单名数，如2千克；带有两个或两个以上单位名称的名数叫复名数。

强度相对指标一般用复名数表示，由计算该指标的分子、分母的原有计量单位组成。如人口密度用“人/平方千米”表示。但也有用百分数或千分数表示的，如人口出生率和死亡率用千分数表示、商品流通费用率用百分数表示。

有些强度相对指标，对比的两个指标可以互为分子、分母。这样，强度相对指标也就有正指标和逆指标两种形式。

例如，假设某城市某年末人口数为100 000人，零售商业机构为400个，则该城市零售商业网点密度为：

$$（每个人的商业网点数）正指标=\frac{400}{100\ 000}=4（个/千人）$$

$$（每个商业网点服务的人数）逆指标=\frac{100\ 000}{400}=250（人/个）$$

由上可知，强度相对指标数值大小与现象之间的密度、强度成正比例关系的叫做正指标；反之，成反比例关系的称为逆指标。

强度相对指标在实际工作中广泛应用。首先，它能反映社会经济现象的强弱程度和经济实力。如平均每人的国内生产总值、平均每人主要产品产量等，都是反映国家和地区经济实力的重要指标。其次，强度相对指标可用来反映社会生产活动的条件或效果。如工业企业的流动资产利润率和流通费用率等可反映企业的生产效果。

计算强度相对指标，必须从社会经济现象的本质方面去寻求它们之间的内在联系，这样才能使两个指标的对比具有实际意义。如将钢铁总产量与人口对比就有实际意义，但把钢铁总产量与土地面积对比就没有意义，因为它们之间没有内在联系。

6. 动态相对指标

动态相对指标是指同一总体在不同时间的同类指标对比所求得的相对数。它能表明同一事物在不同时间状态下的数量对比关系，说明社会经济现象在不同时间上的发展变化。其计算公式为：

$$动态相对指标=\frac{报告期水平}{基期水平}\times100\%$$

动态相对指标在统计分析中又称为发展速度。公式中的基期是用来作为比较标准的时期，报告期是进行分析研究的那个时期。动态相对指标一般用百分数表示，当数值很大时，也可用倍数表示。

例如，2004年，我国国内生产总值（GDP）为136 515亿元，2000年的国内生产总值（GDP）为89 404亿元，则：

$$动态相对指标=\frac{136\ 515}{89\ 404}\times100\%=152.69\%$$

说明我国2004年国内生产总值比2000年增长了52.69%。

（三）计算运用总量指标和相对指标应注意的问题

1. 计算运用总量指标应注意的问题

要正确计算和运用总量指标，必须注意以下几点：

（1）统计总量指标时要有明确的统计含义、范围和计算方法。

总量指标的计算不是简单的数字汇总，而是一个复杂的理论问题。要正确地计算某一社会经济现象的总量，必须先准确地确定总量指标的含义、统计范围和计算方法，然后才能加以计算。例如，要计算国内生产总值（GDP）指标，首先要确定该指标的含义是一个国家或一个地区在一定时期内所生产和提供的最终使用的产品和服务的总值，其计算的范围是物质生产部门活动的成果及非物质生产部门的活动量，即整个国民经济的活动总量，计算方法一般采用生产法。

（2）必须正确区分时点现象和时期现象。对时点现象而言，计算时点指标；对时期现象来讲，计算时期指标。

（3）要根据现象的性质和特点，选用适当的计量单位，并且这个计量单位应是国家统一规定的，这样才能正确反映总体的总量。另外计算价值指标还应选用适当的价格。

（4）在计算实物量指标时，应注意现象的同类性。只有同类现象才能计算实物总量，而同类性是由事物的性质决定的。例如，钢材和棉花的性质不同，就不能将它们混在一起计算实物总量，而原煤、原油、天然气等各种不同的能源由于使用价值相同，则可以折算为标准能源计算总量。

2. 计算运用相对指标应注意的问题

（1）可比性原则。相对指标是两个有关的指标数值之比，因此用来对比的两个指标应注意可比性。所谓可比性是指进行对比的指标在总体范围、经济内容、时间和计算方法等方面保持一致。如计算计划完成情况相对指标，就必须使用来对比的计划指标和实际完成数的总体范围保持一致，否则就会失去意义。

（2）相对指标和总量指标结合运用的原则。总量指标虽然能反映现象总体的总规模和总水平，却不容易看清现象的差异程度。相对指标虽能反映现象之间的数量对比关系及差异程度，却掩盖了现象之间绝对量的差别。因此，只有将相对指标与总量指标结合起来，才能使我们对客观事物有正确的认识。

例如，生产同种产品的两个企业的产量资料如表 4-4 所示。

表 4-4　企业产量　　单位：万吨

企业名称	基期	报告期
甲企业	50	60
乙企业	500	600

这两个企业的发展速度分别为：

$$甲企业的发展速度=\frac{60}{50}\times 100\%=120\%$$

$$乙企业的发展速度=\frac{600}{500}\times 100\%=120\%$$

从绝对数来看，这两个企业的产量，基期和报告期都相差 10 倍，但从相对数来看，却完全相等。所以，在利用相对指标分析时，不结合其相应的总量指标，就不易得出正确的结论，难以对其实质做出正确的判断。

（3）各种相对指标相结合的原则。每一种相对指标只能从某一方面反映现象数量之间的对比关系，其作用是有限的，要全面认识事物的特征及变化规律，就必须把各种相对指标结合起来，进行分析研究。例如，为了全面反映一个企业的生产成果和经济效益，不仅要掌握主要的总量指标，如产品产量、总产值、利润总额等，而且还需计算多种相对指标。如把实际总产值与计划总产值对比，计算计划完成情况相对指标；将本年的总产值与上年的总产值对比可计算发展速度；将本企业的利润额与同期的总产值对比计算产值利润率，反映企业的经济效益情况。这样把多种相对指标结合起来观察，就能较全面地说明企业生产经营情况。

三、平均指标

（一）平均指标的概念和种类

1. 平均指标的概念

平均指标又称平均数，是统计中十分重要的综合指标。

平均指标是指在同质总体内将各单位某一数量标志的差异抽象化，用以反映总体在具体条件下的一般水平。简而言之，平均指标是说明同质总体内某一数量标志在一定时间、历史、条件下一般水平的综合指标。如职工的平均工资、商品的平均价格、粮食的单位面积产量等。

2. 平均指标的特点

（1）数量差异抽象化。平均指标是把同质总体内各个变量之间的差异抽象化，从而说明总体的一般水平。如某企业的平均工资就是把职工之间不同工资的差异抽象化，用以说明该企业职工的工资的一般水平。通常只有数量标志才能求其平均数。

（2）只能就同类现象计算。计算平均指标的各总体单位必须具有同类性质，这是计算平均指标的前提。只有本质相同的现象计算平均数才能正确反映客观实际情况，如果把不同性质的个体混杂在一起，由此计算的平均数只会掩盖事物的本质区别，得出错误的结论。

（3）反映总体变量值的集中趋势。从总体变量分布的情况看，多数现象的分布服从钟形分布，即不管用什么技术方法求得的平均数，都靠近分布的中间，而不会在两头。这就说明多数标志值集中在平均数附近，所以平均指标是标志值集中趋势的测度数，是反映总体变量集中倾向的代表值。

3. 平均指标的种类

常用的平均指标有算术平均数、调和平均数、几何平均数、众数和中位数等。算术平均数、调和平均数、几何平均数等是根据分布数列中各单位的标志值计算而来的，称为数值平均数；众数和中位数等是根据分布数列中某些标志值所处的位置来确定的，称为位置平均数。各种平均指标的计算方法不同，指标的含义、应用场合也有所不同，但它们都是总体各单位数量标志值的一般水平的代表值。

（二）平均指标的计算和分析

1. 算术平均数

算术平均数是变量数列中所有标志值的总和（总体标志总量）除以全部单位数（总体单位总量）所得之商，是统计中最基本、最常用的一种平均数，一般所称的平均数常指算术平均数，用 $\bar{x}$ 表示，基本算式为：

$$\text{算术平均数}=\frac{\text{总体标志总量}}{\text{总体单位总量}}$$

例如，职工工资总额除以职工总人数即为平均工资，商品销售额除以商品销售量即为平均价格。

需要注意的是，算术平均数的计算方法在形式上与强度相对指标的计算方法很相似，但它们对比的子项与母项的意义不同。算术平均数是同一总体标志总量与总体单位总量之比，作为分子的总体标志总量是随着作为分母的总体单位总量的变动而变动的，而强度相对指标是两个性质不同但有联系的总量指标之比，作为分子的总量指标并不随着作为分母的总量指标的变动而变动。

算术平均数由于掌握的资料不同，有以下两种计算方法。

(1) 简单算术平均数。简单算术平均数用于未分组资料求平均数。一般先求变量值或标志值（x_i）的总和（$\sum_{i=1}^{n}x_i$）再除以变量值个数（n），即得算术平均数（$\bar{x}$），基本算式为：

$$\bar{x}=\frac{x_1+_2+\cdots+x_n}{n}=\frac{\sum_{i=1}^{n}x_i}{n}$$

【例 4-6】某工厂生产组 8 个工人的日生产某种产品件数分别是 20 件、22 件、23 件、25 件、26 件、24 件、28 件、30 件，则算术平均数为：

$$\bar{x}=\frac{20+22+23+25+26+24+28+30}{8}=\frac{198}{8}=24.75(\text{件 / 人})$$

(2) 加权算术平均数。加权算术平均数用于分组资料求平均数。当已知数列各组的变量值（x_i）和次数（f_i）或频率$\left(\frac{f_i}{\sum_{i=1}^{n}f_i}\right)$时，需用下列公式求算术平均数：

$$\bar{x}=\frac{\sum_{i=1}^{n}x_if_i}{\sum_{i=1}^{n}f_i}=\sum_{i=1}^{n}\left(x_i\cdot\frac{f_i}{\sum_{i=1}^{n}f_i}\right)$$

式中：x_i 代表各组的变量值或组中值；

f_i 代表各组的变量值的次数(绝对权数)；

$\frac{f_i}{\sum_{i=1}^{n}f_i}$ 代表各组变量值的频率（比重权数）。

【例 4-7】某企业 2012 年 3 月职工工资分组资料如表 4－5 所示，试求职工 3 月份平均工资。

表 4-5 某企业职工工资及其平均数计算表

月工资（元）x_i	职工人数（人）f_i	比　重 $f_i/\sum_{i=1}^{n} f_i$	工资总额 $x_i f_i$
1 800	10	0.10	18 000
2 000	18	0.18	36 000
2 200	35	0.35	77 000
2 400	26	0.26	62 400
2 800	11	0.11	30 800
合计	100	1.00	224 200

$$\bar{x}=\frac{\sum_{i=1}^{n} x_i f_i}{\sum_{i=1}^{n} f_i}=\frac{224\ 200}{100}=2\ 242\text{（元/人）}$$

通过计算可知：加权算术平均数是根据变量值与次数这两个因素计算的。可见，加权算术平均数的大小，不仅取决于变量值，而且还受各变量值重复出现的次数 f_i 的影响。在变量值一定的情况下，次数（f_i）多的组，其变量值对平均值的影响大，平均数接近该变量值；反之，平均数远离该变量值。因此，次数（f_i）的多少对平均数（$\bar{x}$）的大小起着权衡轻重的作用。统计中通常把各组变量值出现的次数称为权数，把各个变量值乘以权数的过程叫加权过程，这样计算出来的算术平均数叫加权算术平均数。

应该指出，权数对加权算术平均数大小起权衡轻重的作用，但加权算术平均数的大小并不取决于权数的绝对值的大小，而是取决于它的比重，如果各组绝对权数按同一比例变化，则不会影响平均数的大小，故比重权数更能反映权数的实质。因此，当各组单位数所占的比重相等时，权数的作用相等，这时加权算术平均数就等于简单算术平均数。

现仍然采用上表资料进行计算：

$$\bar{x}=\sum_{i=1}^{n}\left(x_i \cdot \frac{f_i}{\sum_{i=1}^{n} f_i}\right)=1\ 800\times 0.10+2\ 000\times 0.18+2\ 200\times 0.35+2\ 400\times 0.26+2\ 800\times 0.11=2\ 242\text{(元 / 人)}$$

计算结果和前面计算的加权算术平均数完全相同。

上例是根据单项数列来计算算术平均数的，如果我们掌握的资料是组距数列，其计算算术平均数的方法与前基本上相同，只是需要取各组的组中值作为各组变量值的代表，再按上述方法计算。

【例 4-8】某班 40 名同学统计学考试成绩如表 4-6 所示，试求平均分数。

表 4-6 统计学考试成绩资料

按成绩分组（分）	组中值 x_i	人数 f_i（人）	频率 $\frac{f_i}{\sum_{i=1}^{n} f_i}$	总分数 $x_i f_i$	$x_i \cdot \frac{f_i}{\sum_{i=1}^{n} f_i}$
50～60	55	3	0.075	165	4.125
60～70	65	6	0.150	390	9.750
70～80	75	14	0.350	1 050	26.250
80～90	85	11	0.275	935	23.375
90～100	95	6	0.150	570	14.250
合计	—	40	1.00	3 110	77.750

$$\bar{x} = \frac{\sum_{i=1}^{n} x_i f_i}{\sum_{i=1}^{n} f_i} = \frac{3\ 110}{40} = 77.75(\text{分} / \text{人})$$

$$\text{或}\ \bar{x} = \sum_{i=1}^{n}\left(x_i \cdot \frac{f_i}{\sum_{i=1}^{n} f_i}\right) = 77.75(\text{分} / \text{人})$$

组距数列求加权算术平均数的这种计算方法具有一定的假定性，即假定总体各单位在各组内部是均匀分布的，但实际并非如此，故计算的平均数只是一个近似值。

2. **调和平均数**

在实际统计工作中，有时由于资料的原因，不能直接计算算术平均数，可用调和平均法间接计算出算术平均数。调和平均数是根据各个变量值的倒数计算出来的平均指标，所以又称倒数平均数。在这种情况下，可以将调和平均数形式的应用看做是算术平均数的变形。

（1）简单调和平均数。如果掌握的资料是未分组的总体各单位的标志值和标志总量，则用简单调和平均法计算平均指标。其计算公式为：

$$\overline{x_H} = \frac{1+1+\cdots+1}{\frac{1}{x_1}+\frac{1}{x_2}+\cdots+\frac{1}{x_n}} = \frac{n}{\sum_{i=1}^{n} \frac{1}{x_i}}$$

式中：$\overline{x_H}$代表调和平均数，n代表标志总量，其余符号与前相同。

【例 4-9】在市场上购买某种商品，甲级每千克 1 元，乙级每千克 0.8 元，丙级每千克 0.5 元，现各花 1 元买各级商品，则平均每千克的价格为：

$$\overline{x_H} = \frac{1+1+1}{\frac{1}{1}+\frac{1}{0.8}+\frac{1}{0.5}} = 0.71(\text{元})$$

从计算的形式上看，调和平均数与算术平均数有明显的区别，但从计算内容上看，两者是一致的，均为总体标志总量与总体单位总量的对比。

（2）加权调和平均数。简单调和平均数是在各变量值对平均数起同等作用的条件下应用，但是在许多情况下，各变量值对于平均数的作用是不同的，这时就需要计算调和平均数。其计算公式为：

$$\overline{x_H}=\frac{m_1+m_2+\cdots+m_n}{\frac{m_1}{x_1}+\frac{m_2}{x_2}+\cdots+\frac{m_n}{x_n}}=\frac{\sum_{i=1}^{n}m_i}{\sum_{i=1}^{n}\frac{m_i}{x_i}}$$

式中：m_i 代表各组标志总量，其余符号与前相同。

【例 4-10】接上例，如果每级商品不是各买 1 元，而是 4 元买甲级，2 元买乙级，6 元买丙级，则平均每千克的价格为：

$$\overline{x_H}=\frac{6+4+2}{\frac{4}{1}+\frac{2}{0.8}+\frac{6}{0.5}}=0.65(\text{元})$$

从上面的计算我们可以看到，调和平均数仍然是以总体标志总量除以总体单位总量计算的，它在经济内容和计算结果上与算术平均数是一致的，只是由于计算时依据的资料不同，而计算公式和计算过程有别于算术平均数。因为标志总量 $m_i=x_if_i$，故 m 也称为权数，加权调和平均数可以看做是加权算术平均数的变形。其变换如下：

$$\overline{x_H}=\frac{\sum_{i=1}^{n}m_i}{\sum_{i=1}^{n}\frac{m_i}{x_i}}=\frac{\sum_{i=1}^{n}x_if_i}{\sum_{i=1}^{n}\frac{x_if_i}{x_i}}=\frac{\sum_{i=1}^{n}x_if_i}{\sum_{i=1}^{n}f_i}$$

因此，当已知各组标志值总量（m_i）和各组变量值（x_i），缺少总体单位数（f_i）时，就需要使用加权调和平均数公式计算；当已知各组变量值（x_i）和各组变量值出现的次数即总体单位数（f_i）时，就需要利用加权算术平均数公式计算。

3. **几何平均数**

几何平均数是 n 个变量值乘积的 n 次方根，是计算平均比率和平均速度时比较适用的一种方法，通常用$\overline{x_G}$表示。凡是变量值的连乘积等于总比率或总速度的现象，均可用几何平均法计算其平均数。

由于掌握资料的差异，几何平均数也分简单几何平均数和加权几何平均数两种。

（1）简单几何平均数。如果掌握的是未分组资料，计算几何平均数应采用简单几何平均法，其计算公式为：

$$\overline{x_G}=\sqrt[n]{x_1\cdot x_2\cdot\cdots\cdot x_n}=\sqrt[n]{\prod_{i=1}^{n}x_i}$$

式中：$\overline{x_G}$表示几何平均数；x_i 表示各变量值；n 为变量值的个数；$\prod$ 为连乘符号。

【例 4-11】某工厂生产 A 零件需要依次经过四道工序完成，每道工序的合格率分别为 90%、95%、80%、98%，计算四道工序的平均合格率。

因为总合格率并不等于各道工序合格率之和，后道工序的合格率是在前面工序全部合格的基础上计算的，所以总合格率应等于各工序合格率的连乘积，应采用几何平均法计算平均合格率，即四道工序的平均合格率为：

$$\overline{x_G}=\sqrt[4]{90\% \times 95\% \times 80\% \times 98\%}=90.48\%$$

（2）加权几何平均数。如果掌握的是分组资料，各组变量值出现的次数不同，计算几何平均数应采加权平均法，其计算公式为：

$$\overline{x_G}=\sqrt[f_1+f_2+\cdots+f_n]{x_1^{f_1}\cdot x_2^{f_2}\cdot \cdots \cdot x_n^{f_n}}$$

式中：f_i（$i=1$，2，…，n）为各组变量值的个数。

如上例，若四道工序的合格率分别为90%，95%，90%，90%，则其平均合格率为

$$\overline{x_G}=\sqrt[4]{90\% \times 95\% \times 90\% \times 90\%}=\sqrt[4]{0.692\ 55}=91.22\%$$

【例4-12】某工商银行对一笔投资的年利率按复利计算，25年利率分配如表4-7，试计算平均年利率。

表4-7　利率计算表

年限	利率（%）	年数（年）
第1年	3	1
第2至第5年	5	4
第6至第13年	8	8
第14至第23年	10	10
第24至第25年	15	2
合计	—	25

分析：根据研究对象的性质，必须先将年利率加100%换算成各年本利率，然后按加权几何平均法计算平均年本利率，再减100%，求得平均年利率。

平均年本利率：

$$\overline{x_G}=\sqrt[25]{(103\%)^1\times(105\%)^4\times(108\%)^8\times(110\%)^{10}\times(115\%)^2}=108.6\%$$

平均年利率：

$$108.6\%-100\%=8.6\%$$

4. 众数

众数是总体中出现次数最多或最普遍的标志值。它是位置平均数，不受数列中极端变量值的影响，这是区别于算术平均数的一个重要标志。但它与算术平均数的作用一样，也可以反映总体各单位某一数量标志值的一般水平，只是精确度有所区别。例如，为了掌握集市上某种商品的价格水平，可不必全面登记该商品的全部价格求其算术平均数，只用该商品成交量最多的那个价格即众数作为代表值，就可以反映该商品价格的一般水平。众数是根据特殊位置确定的，当数列没有明显的集中趋势而趋于均匀分布时，不存在众数。

众数的确定，根据掌握资料的不同可采用不同的方法，一般有两种情况。

（1）根据单项数列确定众数。在单项数列情况下，确定众数很简单，次数最多的那一组的变量值就是众数。

【例4-13】某商店各种规格羊毛衫销售资料如表4-8所示。

表 4-8　羊毛衫销售量

羊毛衫规格（公分）	销售量（件）
80	60
85	90
90	140
95	160
100	300
105	150
110	130
115	80
120	70
合计	1 180

从表 4-8 可以直接看出，100 公分的羊毛衫销售量最大，为 300 件，因此 100 公分就是众数。

（2）根据组距数列确定众数。在组距数列条件下，确定众数比较复杂。可以先确定众数所在组，然后运用下限公式或上限公式进行计算，以求得众数的近似值。其计算公式为：

下限公式：

$$M_o = L + \frac{\Delta_1}{\Delta_1 + \Delta_2} \times d$$

上限公式：

$$M_o = U - \frac{\Delta_2}{\Delta_1 + \Delta_2} \times d$$

式中：M_o 代表众数，L 代表众数组下限，U 代表众数组上限，Δ_1 代表众数组次数与前一组次数之差，Δ_2 代表众数组次数与后一组次数之差，d 代表众数组组距。

【例 4-14】某村农民家庭某月人均纯收入资料如表 4-9 所示。

表 4-9　某村农户某月人均纯收入统计表

按月纯收入分组（元）	农户数（户）
1 200～1 400	5
1 400～1 600	10
1 600～1 800	80
1 800～2 000	130
2 000～2 200	180
2 200～2 400	50
2 400～2 600	30
2 600～2 800	15
合计	500

由表 4-9 可见，月纯收入在 2 000～2 200 元的农户最多（180 户），这一组即为众数组。

其中：$L=2\ 000$，$U=2\ 200$，$d=2\ 200-2\ 000=200$，$\Delta_1=180-130=50$，$\Delta_2=180-50=130$。

按下限公式计算：

$$M_o=2\ 000+\frac{50}{50+130}\times 200=2\ 055.6(\text{元})$$

按上限公式计算：

$$M_o=2\ 200-\frac{130}{50+130}\times 200=2\ 055.6(\text{元})$$

从计算结果可以看出，按下限公式和上限公式确定的结果是一致的，实际工作中选用其中一种方法计算即可。

5. **中位数**

将总体中各单位的标志值按大小顺序排列，位于中间位置的标志值就是中位数。它与众数一样，也是位置平均数，同样不受数列中极端变量值的影响。在变量数列中，有一半单位的标志值小于中位数，另一半单位的标志值大于中位数，因而中位数也叫分割值。

中位数的确定，根据所掌握资料的不同，分为两种情况：

（1）根据未分组资料确定。根据未分组资料确定中位数，先把各单位的变量值按大小顺序排列，处于中间位置的变量值即为中位数。当变量值的个数 n 为奇数时，其中间位置为（$n+1$）/2，它所对应的变量值为中位数，即 $M_e=x_{\frac{n+1}{2}}$；当变量值的个数 n 为偶数时，则中点位置（$n+1$）/2 的前后两个变量值的简单算术平均数为中位数，即 $M_e=(x_{\frac{n}{2}}+x_{\frac{n}{2}+1})/2$。

【例 4-15】有五名工人的工资额分别为 500 元、580 元、670 元、890 元、898 元，则中点位置为 3（$=\frac{5+1}{2}$），中位数为第三个工人的工资额 670 元。如果有四名工人的工资额分别为 500 元、580 元、670 元、890 元，则中点位置为 2.5（$=\frac{4+1}{2}$），中位数为第二个工人和第三个工人工资额的简单平均数 625 元（$=\frac{580+670}{2}$）。

（2）根据分组资料确定。根据分组资料确定中位数比较复杂。可以先用公式 $\frac{\sum_{i=1}^{n}f_i}{2}$ 确定中位数的位置，并根据各组的向上（或向下）累计次数，找出中位数所在组，然后按照下限或上限公式确定中位数。

下限公式：

$$M_e=L+\frac{\frac{\sum_{i=1}^{n}f_i}{2}-S_{m-1}}{f_m}\times d$$

上限公式：

$$M_e = U - \frac{\frac{\sum_{i=1}^{n} f_i}{2} - S_{m+1}}{f_m} \times d$$

式中：M_e 代表中位数，L 代表中位数所在组的下限，U 代表中位数所在组的上限，f_m 代表中位数所在组的次数，S_{m-1} 代表中位数所在组以前的累计次数，S_{m+1} 代表中位数所在组以后的累计次数，d 代表中位数所在组的组距。

【例 4-16】我们仍用表 4-9 的数据来确定中位数，如表 4-10 所示。

表 4-10　某村农户某月人均纯收入中位数计算表

按月人均纯收入分组（元）	农户数	农户数累计	
		向上累计	向下累计
1 200～1 400	5	5	500
1 400～1 600	10	15	495
1 600～1 800	80	95	485
1 800～2 000	130	225	405
2 000～2 200	180	405	275
2 200～2 400	50	455	95
2 400～2 600	30	485	45
2 600～2 800	15	500	15
合计	500	—	—

根据表 4-10 的资料，确定中位数的过程如下：

$$中点位置 = \frac{\sum_{i=1}^{n} f_i}{2} = \frac{500}{2} = 250$$

其中：$L=2\,000$，$U=2\,200$，$d=2\,200-2\,000=200$，$f_m=180$，$S_{m-1}=225$，$S_{m+1}=95$

按下限公式确定：

$$M_e = 2\,000 + \frac{\frac{500}{2} - 225}{180} \times 200 = 2\,027.8(元)$$

按上限公式确定：

$$M_e = 2\,200 - \frac{\frac{500}{2} - 95}{180} \times 200 = 2\,027.8(元)$$

计算结果表明，用下限公式或上限公式确定中位数，其结果是一样的，实际工作中可根据情况选择一种方法计算。

四、标志变异指标

标志变异指标又称标志变动度，是反映总体各单位标志值之间差异大小的综合指标。它又是衡量平均指标代表性的标准，总体的标志变异指标愈大，平均指标的代表性愈小；反之，标志变异指标愈小，平均指标代表性愈大。

标志变异指标一般有全距、标准差、离散系数等几种。

（一）全距

全距又称极差，是总体各单位中最大标志值与最小标志值之差，一般用 R 表示。其计算公式为：

$$全距=最大标志值-最小标志值$$

全距测定标志变异情况很简单，而且容易理解和掌握。但全距只涉及极大和极小两个标志值，不是根据全部标志值计算的，容易受极端值的影响，不能充分说明各个标志值的具体变动情况，所以在应用时有较大的局限性。

例如，有两个小组的统计学考试成绩，第一组的四个人分别为 60 分、70 分、80 分、90 分分；第二组的四个人分别为 20 分、80 分、100 分、100 分。两个小组的统计学考试平均成绩都是 75 分，但两组变量值的差异程度却明显不同。第一组的最高分和最低分相差 30 分，第二组却相差 80 分，可见第一组的平均成绩 75 分代表性较高，而第二组的平均成绩 75 分代表性较低。

（二）标准差

标准差是总体各单位标志值与其平均数离差平方的平均数的算术平方根。它是测定标志变异程度最常用、最主要的指标。标准差的意义与平均差基本相同，但标准差采用了平方的方法来消除正、负离差的影响，考虑了总体中各单位标志值的变动影响，更符合数学的运算要求。所以说标准差不仅具有平均差的优点，而且还弥补了平均差的不足，它是综合反映标志变动度最合理的指标，在实际工作中得到了极为广泛的应用。标准差一般用 σ 表示。

1. 标准差的分类

由于掌握资料的不同，标准差分为简单式标准差和加权式标准差。

（1）简单式标准差。在资料未分组的条件下，可采用简单式标准差。其计算公式为：

$$\sigma=\sqrt{\frac{\sum_{i=1}^{n}(x_i-\bar{x})^2}{n}}$$

（2）加权式标准差。在资料分组的条件下，可采用加权平均法计算标准差。其计算公式为：

$$\sigma=\sqrt{\frac{\sum_{i=1}^{n}(x_i-\bar{x})^2 f_i}{\sum_{i=1}^{n} f_i}}$$

2. **标准差的计算步骤**

(1) 计算算术平均数 $\bar{x}$；

(2) 计算变量值与算术平均数的离差 $x_i-\bar{x}$

(3) 计算离差的平方和 $(x_i-\bar{x})^2$

(4) 计算离差的平方和加权 $(x_i-\bar{x})^2 f$

（(2)～(4) 列表计算）

(5) 代入公式计算。

3. **标准差的计算方法**

(1) 简单式标准差。在资料未分组的条件下，可采用简单式标准差。其计算公式为：

$$\sigma=\sqrt{\frac{\sum_{i=1}^{n}(x_i-\bar{x})^2}{n}}$$

【例 4-17】仍以前面所述两个小组的统计学考试成绩的资料来计算标准差。

表 4-11　标准差计算表

第一组			第二组		
分组	离差	离差平方	分组	离差	离差平方
x_{1i}	$x_{1i}-\overline{x_1}$	$(x_{1i}-\overline{x_1})^2$	x_2	$x_{2i}-\overline{x_2}$	$(x_{2i}-\overline{x_2})^2$
60	−15	225	20	−55	3 025
70	−5	25	80	5	25
80	5	25	100	25	625
90	15	225	100	25	625
$\sum$	—	500	$\sum$	—	4 300

根据表 4-11 的资料，第一、二组平均成绩均为 75 分，其标准差计算如下：

$$\sigma_1=\sqrt{\frac{\sum_{i=1}^{n}(x_{1i}-\overline{x_1})^2}{n}}=\sqrt{\frac{500}{4}}=11.2(\text{分})$$

$$\sigma_2=\sqrt{\frac{\sum_{i=1}^{n}(x_{2i}-\overline{x_2})^2}{n}}=\sqrt{\frac{4\ 300}{4}}=32.8(\text{分})$$

计算结果表明，在第一、二组学生平均成绩相等（$\bar{x}=75$ 分）的情况下，第一组的标准差（11.2 分）小于第二组的标准差（32.8 分），说明第一组平均成绩的代表性好于第二组。

(2) 加权式标准差。在资料分组的条件下，可采用加权平均法计算标准差。其计算公式为：

$$\sigma=\sqrt{\frac{\sum_{i=1}^{n}(x_i-\bar{x})^2 f_i}{\sum_{i=1}^{n} f_i}}$$

【例 4-18】已知乙企业工人的平均工资为 767 元，其标准差为 22 元；甲企业工人的工资如表 4-12 所示。

表 4-12 标准差计算表

按工资水平分组（元）	组中值	工人人数	工资总额	离差	离差平方	离差平方乘以次数
	x_i	f_i	$x_i f_i$	$x_i-\bar{x}$	$(x_i-\bar{x})^2$	$(x_i-\bar{x})^2 f_i$
500～600	550	2	1 100	−217	47 089	94 178
600～700	650	3	1 950	−117	13 689	41 067
700～800	750	5	3 750	−17	289	1 445
800～900	850	6	5 100	83	6 889	41 334
900 以上	950	2	1 900	183	33 489	66 978
合计	—	18	13 800	—	101 445	245 002

根据表 4-12 中资料，其标准差计算如下：

$$\sigma_{甲}=\sqrt{\frac{\sum_{i=1}^{n}(x_i-\bar{x})^2 f_i}{\sum_{i=1}^{n} f_i}}=\sqrt{\frac{245\ 002}{18}}=116.7(元)$$

计算结果表明，在两组工人平均工资相等的情况下，甲企业的标准差（116.7 元）大于乙企业的标准差（22 元），说明甲企业工人平均工资的代表性较乙企业差。

（三）离散系数

以上所介绍的两种标志变异指标，都与平均指标有相同的计量单位，是反映标志变动度的绝对指标，其数值的大小不仅受标志值之间差异程度的影响，而且还受变量值水平高低的影响。因此在比较两个数列的标志变动度、衡量其平均指标的代表性时，如果两个总体或数列性质不同，计量单位不同或平均水平不同，就不能采用前述的某一标志变异指标直接比较其离差的大小，而应分析标志变异指标的相对指标，即离散系数。它是极差、标准差与其算术平均数的对比值，分别称为极差系数、标准差系数，但在实际工作中标准差系数应用最为普遍。标准差系数一般用 V_σ 表示，其计算公式为：

$$V_\sigma=\frac{\sigma}{\bar{x}}\times 100\%$$

【例 4-19】甲商店职工的平均工资为 900 元，标准差为 20 元；乙商店职工的平均工资为 600 元，标准差为 18 元。从资料看，$\sigma_{甲}>\sigma_{乙}$，似乎可以判断乙商店平均工资的代表性好于甲商店。是否如此？我们可以通过计算标准差系数来进行说明。现分别计算如下：

$$V_{\sigma甲}=\frac{20}{900}=2.2\%，V_{\sigma乙}=\frac{18}{600}=3\%$$

计算结果表明，$V_{\sigma甲}<V_{\sigma乙}$，这说明甲商店平均工资的代表性好于乙商店，与我们的直观结果相反。

从以上分析可以看出，离散系数越大，说明平均数的代表性越差；相反，离散系数越小，说明平均数的代表性越好。

【复习与思考】

1. 为什么说总量指标是一个基本的综合指标？

2. 什么是时期指标和时点指标？它们有何不同？

3. 计算运用总量指标应注意哪些问题？

4. 什么是相对指标？相对指标有哪几种？它们的计算方法和作用有什么不同？

5. 考核长期计划执行情况的水平法和累计法有何不同？

6. 为什么说调和平均数是算术平均数的变形？

7. 在什么情况下，简单算术平均数和加权算术平均数的计算结果相同？试举例说明。

8. 标志变异指标有哪些种类？其中最常用的是什么指标？为什么？

【练习题】

1. 某企业2016年的计划利润比2015年提高5%，实际提高6.6%，达到300万元，试计算：

（1）该企业2015年的利润额和2016年的计划利润。

（2）2016利润计划完成程度百分比。

（3）2016年实际利润额比计划提高的百分点。

2. 某地区2016年财政收入计划比上年增长20%，实际比上年增长50%，试计算该地区2016年财政收入计划完成百分比。

3. 某企业生产情况如下：

单位：万元

	2015年总产值			2016年总产值		
	计划	实际	完成计划（%）	计划	实际	完成计划（%）
一分厂		200	105	230		110
二分厂	300		115	350	315	
三分厂			110	140		120
企业合计						

（1）计算表内空格的指标填表。

（2）对比该企业两年总产值计划完成程度的好坏。

4. 有一工业企业2015年的计划产值为240万元，各月的生产任务是均衡安排的，其实际的具体完成情况资料如下：

	第一季度	第二季度	第三季度	第四季度		
				10月	11月	12月
产值（万元）	50	66	80	20	24	24

试计算该工业企业的产值计划完成程度指标及全年提前完成计划任务的时间。

5. 已知按五年计划的规定，某产品在最后一年的产量应达到50万吨，并且知其实际执行的结果如下：

时间	第一年	第二年	第三年		第四年				第五年			
			上半年	下半年	第一季	第二季	第三季	第四季	第一季	第二季	第三季	第四季
产量（万吨）	44	45	22	24	11	12	12.5	12.5	13	12.5	12.5	13

试计算该产品的产量计划完成程度指标和提前完成五年计划规定任务的时间。

6. 某年某月甲、乙两个农贸市场某种农产品价格及成交量、成交额的资料如下表所示。

等级	价格（元/千克）	甲市场成交额（万元）	乙市场成交量（万千克）
甲	2.0	1	3
乙	3.0	3	2
丙	4.0	6	1
合计	—	10	6

要求：比较该农产品在甲、乙两个市场的价格水平，并说明其高低的原因。

7. 某工业企业某车间工人加工零件情况如下表所示。

按加工零件数分组（件）	工人数（人）
20以下	2
20—30	8
30—40	20
40—50	50
50—60	10
60—70	5
70以上	5
合计	100

要求：确定该车间工人加工零件数的众数和中位数。

8. 两个生产车间工人按某产品日产量（件）分组资料如下表所示。

第一车间		第二车间	
日产量（件）	工人数（人）	日产量（件）	工人数（人）
5	6	8	11
7	10	12	4
9	12	14	7
10	8	15	6
13	4	16	2
合计	40	合计	30

要求：分析两个车间日产量的平均水平，并说明其代表性的优劣。

【实训项目】

某公司下属三个企业的有关资料如下表所示。

单位：万元

企业	2014 年销售收入	2015 年销售收入		2016 年销售利润
		计划	实际	
甲企业	500	600	650	200
乙企业	1 000	1 200	1 500	400
丙企业	800	1 000	900	300

又知，该企业 2015 年共有 760 人，甲、乙、丙企业的人数分别是 100 人、360 人、300 人。

试分析该公司 2015 年的销售变化、销售质量状况。

分析提示：

(1) 总体与局部分析；

(2) 数量与质量分析；

(3) 动态与静态分析。

分　析　篇

任务五

动态数列分析

【任务目标】

知识目标：

1. 认识动态数列的概念和种类。
2. 掌握动态比较指标的计算和应用。
3. 掌握动态平均指标的计算和应用。
4. 了解现象发展的趋势分析。

能力目标：

1. 对各种比较指标进行计算、分析和应用。
2. 对各种平均指标进行计算、分析和应用。
3. 根据实际情况将各类动态分析指标进行综合应用。

【案例导入】

2012 年湖南省生产总值统计表

GDP（亿元）	同比增长（%）	
总计	22 154.23	11.3
第一产业	3 004.21	3.0
第二产业	10 506.42	12.8
第三产业	8 643.60	12.2

数据来源：湖南省统计局。

湖南省 2012 年国民经济和社会发展统计公报

2012 年，面对世界经济复苏减缓和国内经济下行压力加大的严峻形势，省委、省政府带领全省人民认真贯彻落实中央一系列工作部署，千方百计稳增长，促和谐，全省经济总体保持平稳较快发展，各项社会事业取得新进步，为实现“两个加快、两个率先”奠定了坚实基础。

初步核算，全省地区生产总值22 154.23亿元，比上年增长11.3%。其中，第一产业增加值3 004.21亿元，增长3%；第二产业增加值10 506.42亿元，增长12.8%；第三产业增加值8 643.6亿元，增长12.2%。按常住人口计算，人均地区生产总值33 480元，增长10.7%。

2007—2012年全省地区生产总值及其增长速度

全省三种产业的结构比为13.6∶47.4∶39。工业增加值占地区生产总值的比重为41.3%，与上年持平；高新技术产业增加值占地区生产总值的比重为15%，比上年提高0.3个百分点。第一、二、三产业对经济增长的贡献率分别为3.6%、54%和42.4%。其中，工业增加值对经济增长的贡献率为49.6%，生产性服务业增加值对经济增长的贡献率为19.1%。非公有制经济增加值12 791.2亿元，增长13%，占地区生产总值的比重为57.7%。

分区域看，长株潭地区生产总值9 441.7亿元，比上年增长12.7%；环长株潭城市群生产总值17 660.7亿元，增长12.4%；湘南地区生产总值4 523.5亿元，增长11.8%；大湘西地区生产总值2 870.1亿元，增长11.3%。

……

资料来源：湖南统计信息网。

【理论指导】

一、动态数列的概念和种类

（一）动态数列的概念

动态数列是把社会经济现象在各个时期或时点上的同类指标数值按照时间的先后顺序加以排列而形成的一种统计数列。由于数列中的各项指标数值是与时间相对应的，所以又称为时间数列。

下面我们就用实例对动态数列加以说明，如表5-1所示。

表 5-1

	1995	1996	1997	1998	1999	2000
人均国内生产总值（元）	4 854	5 576	6 054	6 307	6 547	7 078
人口自然增长率（%）	10.55	10.42	10.06	9.53	8.77	8.24
能源生产总量（千克标准煤）	129 034	132 616	132 410	124 250	109 126	100 900
居民消费价格指数（%）	117.1	108.3	102.8	99.2	98.6	100.4

资料来源：中国统计年鉴（2001）。

表 5-1 中有四个动态数列，即人均国内生产总值动态数列、人口自然增长率动态数列、能源生产总量动态数列、居民消费价格指数动态数列。从这四个动态数列可以看出，构成动态数列的要素有两个：一个是社会经济现象所属的时间，另一个是反映社会经济现象数量特征的指标数值。

动态数列还可以利用直角坐标系，用横轴表示时间，纵轴表示指标数值，进行图形描述。通过图形可以大致反映出社会经济现象发展变化的特征和趋势。

（二）动态数列的种类

动态数列按其所排列的指标数值的性质不同，可分为绝对数动态数列、相对数动态数列和平均数动态数列三种。其中，绝对数动态数列是最基本的数列，而相对数动态数列和平均数动态数列，因为它们是根据绝对数动态数列计算出来的，故称为派生数列。

1. **绝对数动态数列**

绝对数动态数列是将总量指标按时间的先后顺序排列而成的动态数列，用以反映所研究现象的规模或水平的变动情况。

由于总量指标有时期指标和时点指标之分，故绝对数动态数列又分为时期数列和时点数列。

（1）时期数列。时期数列是由一系列反映现象在一段时间内总量的指标数值按时间先后顺序排列而成的数列，如表 5-2 所示。

表 5-2　某厂 2010—2015 年工业总产值

年份	2010	2011	2012	2013	2014	2015
工业总产值（万元）	606	702	768	832	980	1 056

数列中的每一项指标，都是该厂在一年内进行工业生产所取得的成果，因而是时期数列。

（2）时点数列。时点数列是由一系列反映现象在某一时点上的指标数值按时间先后顺序排列而成的数列，如表 5-3 所示。

表 5-3　某厂 2010—2015 年年末职工人数

年份	2010	2011	2012	2013	2014	2015
年末职工人数（人）	460	516	580	678	760	830

数列中的每一项指标，都是该厂年末的职工人数，因而是时点数列。

从以上可知，时期数列和时点数列是两种性质不同的绝对数动态数列。它们的区别是：①时期数列中的各项指标是反映现象在一段时期发展过程的总量；而时点数列中的各项指标是反映现象在某一时点上的水平。②时期数列中各项指标的大小与时期长短有直接关系；时点数列各项指标的大小与其时间间隔的长短没有直接的关系。③时期数列的各项指标数值可以相加，相加的结果反映更长一段时期该指标发展的总量；而时点数列的各项指标数值相加没有意义。

此外，在时点数列中，两个时点之间都存在着一定的时间间隔。我们把间隔若干天的时点数列称为间断时点数列；而把依据每天一个时点资料而编制成的时点数列称为连续时点数列。

2. 相对数动态数列

相对数动态数列是由一系列同类的相对指标，按时间的先后顺序加以排列而形成的数列。它反映社会经济现象之间相互数量关系的发展过程，如表 5-4 所示。

表 5-4　某企业 2015 年上半年各月计划完成情况

月份	1	2	3	4	5	6
计划销量（吨）	200	200	200	240	250	250
实际销量（吨）	200	210	220	264	300	325
计划完成（%）	100	105	110	110	120	130

表 5-4 中的每一个相对数都是由与之相对应的有联系的两个绝对数相比较而计算出来的。除表 5-4 所列入的计划完成相对数之外，还有比较相对数、结构相对数、动态相对数和强度相对数四种，同样都可以用来编制成相应的相对数动态数列。由于相对数动态数列是派生数列，因此，构成相对数的分子分母可以是时期指标，也可以是时点指标。应当注意，在相对数动态数列中，各指标数值不能相加。

3. 平均数动态数列

平均数动态数列是将一系列同类平均指标按时间先后顺序排列而成的数列，用来反映社会经济现象总体一般水平的发展变化趋势，如表 5-5 所示。

表 5-5　某厂上半年某产品的单位成本

	1 月	2 月	3 月	4 月	5 月	6 月
总成本（万元）	251	248	250	253	255	256
实际产量（吨）	3 880	3 860	3 900	3 920	3 940	3 980
单位成本（元/吨）	646.9	642.5	641.0	645.4	647.2	643.2

与相对数动态数列一样，平均数动态数列的各项指标也不具有可加性。

（三）编制动态数列的原则

编制动态数列的重要目的是为了进行动态分析，通过同类指标在不同时间上的数值对比，来研究社会经济现象的发展过程及其规律。因此，保证数列中各指标值之间具有可比性，就应成为编制动态数列的基本原则。这一基本原则具体体现在以下几个方面：

1. 总体范围应该一致

指标数值的大小与被研究现象的总体范围有直接关系，如果总体范围有了变化，则指标数值必须调整，使前后时间的数值能够进行比较。例如某地区的行政区划分有变化，则前后的指标数值就不能直接对比，在编制动态数列时就要对资料进行适当调整，以求得总体范围的统一，然后再作动态分析。

2. 同一动态数列，时间长短应当统一

对于时期数列，其指标数值的大小与时间长短有直接关系，所以同一时期数列的各指标数值所属的时间长短应该一致。对于时点数列，也要求时点间隔尽可能相等，以便更准确地研究现象发展变化的趋势。

3. 经济内容应该一致

对于动态数列的指标，有时名称相同而经济内容各异。在这种情况下，指标值也不能进行对比，因此，对经济内容要作相应的调整。

4. 计算方法、计算价格和计量单位要一致

指标的计算方法有时也称为计算口径。如果指标计算口径前后不一致，则难以进行比较。统计指标的计算价格有多种，动态数列中同类价值指标的计算价格要统一。实物指标的计量单位也要相同，当计量单位发生了改变，也要调整一致。

二、动态比较指标

动态数列编制完成后，还要计算一系列动态分析指标。它们是：增长量、发展速度、增长速度、平均发展水平、平均增长量、平均发展速度和平均增长速度等。前三个分析指标是根据动态数列中的各项指标数值加以对比而得到的派生指标，称为动态比较指标；后四个分析指标是根据动态数列中的各项指标数值加以综合平均而得到的派生指标，称为动态平均指标。计算动态分析指标所依据的动态数列的各项指标数值称为发展水平。

（一）发展水平

发展水平就是动态数列中的每项具体指标数值，它反映社会经济现象在各个不同时期或时点上发展所达到的实际水平。它是计算动态分析指标的基础（见表 5-6 中第 1 行）。

通常把数列的第一项指标数值叫最初水平，用 a_0 表示，最后一项指标数值叫最末水平，用 a_n 表示，中间各项依次用 a_1，a_2，a_3，…，a_{n-1} 表示。

发展水平在用文字说明或语言叙述时，常用“发展到”“增长到”“增长为”“下降到”“下降为”等表示。发展水平可以是总量指标，也可以是相对指标和平均指标。因此，发展水平有绝对数水平、相对数水平和平均数水平三种类型。

（二）增长量

增长量就是报告期发展水平与基期发展水平之差，即：

$$增长量=报告期水平-基期水平$$

基期就是作为比较基数的时期，报告期就是与基期相比较的时期。

增长量指标的数值可以是正值，也可为负值，正值表示增长，负值表示减少。由于比较基期选择的不同，增长量可分为逐期增长量和累积增长量。

1. **逐期增长量**

逐期增长量是报告期水平与上期水平之差。即：

$$逐期增长量=报告期水平-上期水平$$

用符号表示，其计算公式为：

$$逐期增长量=a_n-a_{n-1}$$

它说明报告期水平比上期水平增加（或减少）的绝对量（见表 5-6 中第 2 行）。

2. **累计增长量**

累计增长量是报告期水平与某一固定基期水平之差。即：

$$累计增长量=报告期水平-固定基期水平$$

在计算累计增长量时，通常把现象的最初水平作为固定基期，所以其计算公式可表示为：

$$累计增长量=a_n-a_0$$

它说明报告期水平比最初水平增加（或减少）的绝对量（见表 5-6 中第 3 行）。

表 5-6　某企业 2011—2015 年工业总产值资料

年　份	2011	2012	2013	2014	2015
工业总产值（万元）	2 000	2 100	2 400	2 500	2 600
逐期增长量（万元）	—	100	300	100	100
累积增长量（万元）	—	100	400	500	600
定基发展速度（%）	100.0	105.0	120.0	125.0	130.0
环比发展速度（%）	—	105.0	114.3	104.2	104.0
定基增长速度（%）	—	5.0	20.0	25.0	30.0
环比增长速度（%）	—	5.0	14.3	4.2	4.0
增长 1%绝对量（万元）	—	20	21	24	25

逐期增长量和累计增长量之间存在一定的关系，即：

（1）累计增长量等于相应各个逐期增长量之和，用公式表示为：

$$a_n-a_0=(a_1-a_0)+(a_2-a_1)+\cdots+(a_n-a_{n-1})$$

（2）相邻两个累计增长量之差等于相应的逐期增长量，用公式表示为：

$$(a_n-a_0)-(a_{n-1}-a_0)=a_n-a_{n-1}$$

（三）发展速度

发展速度是报告期水平与基期水平之比，用以反映现象报告期水平较基期水平发展变化的相对程度。一般用倍数或百分数表示，即：

$$发展速度=\frac{报告期水平}{基期水平}$$

由于所选用的基期不同，发展速度又分为定基发展速度和环比发展速度。

1. **定基发展速度**

它是报告期水平与某一固定基期水平之比，用以反映现象报告期水平较某一固定基期水平发展的相对程度，表明现象在较长时期内总的发展速度，故又叫总速度。计算公式如下：

$$定基发展速度=\frac{报告期水平}{固定基期水平}\times 100\%$$

表 5-6 中第 4 行数字就是某企业工业总产值的定基发展速度。

2. 环比发展速度

它是报告期水平与上期水平之比，用以反映现象在报告期水平较上期水平发展的相对程度，表明现象逐期的发展速度。计算公式如下：

$$环比发展速度=\frac{报告期水平}{上期水平}\times 100\%$$

表 5-6 中第 5 行数字就是某企业工业总产值的环比发展速度。

定基发展速度与环比发展速度之间存在着一定关系：

（1）定基发展速度等于相应各期环比发展速度的连乘积。用公式表示为：

$$\frac{a_n}{a_0}=\frac{a_1}{a_0}\times\frac{a_2}{a_1}\times\frac{a_3}{a_2}\times\cdots\times\frac{a_n}{a_{n-1}}$$

（2）环比发展速度等于该期的定基发展速度除以上期的定基发展速度。用公式表示为：

$$\frac{a_n}{a_{n-1}}=\frac{a_n}{a_0}\div\frac{a_{n-1}}{a_0}$$

（四）增长速度

它是报告期较基期的增长量与基期水平之比，用以反映现象报告期较基期增长的相对程度。一般用倍数或百分数表示，即：

$$增长速度=\frac{增长量}{基期水平}\times 100\%$$

其值为正数时表示增长速度（或增长率），其值为负数时表示降低速度（或降低率）。

由于所用基期不同，增长速度也分为定基增长速度和环比增长速度。

1. 定基增长速度

它是报告期的累计增长量与固定基期水平之比，用以反映现象报告期水平较固定基期水平增长的相对程度。计算公式如下：

$$\begin{aligned}定期增长速度&=\frac{累计增长量}{固定基期水平}\times 100\%\\&=\frac{报告期水平-固定基期水平}{固定基期水平}\times 100\%\end{aligned}$$

表 5-6 中第 6 行数字就是某企业以 2005 年为固定基期的工业总产值的定基增长速度。

2. 环比增长速度

它是报告期的逐期增长量与上期水平之比，用以反映现象报告期水平较上期水平增长的相对程度，表明现象逐期增长的程度。计算公式如下：

$$环比增长速度=\frac{逐期增长量}{上期水平}\times 100\%$$

$$=\frac{\text{报告期水平}-\text{上期水平}}{\text{上期水平}}\times 100\%$$

表 6-6 中第 7 行数字就是某企业工业总产值的环比增长速度。

增长速度和发展速度存在以下关系：

$$\text{定基增长速度}=\text{定基发展速度}-100\%$$

$$\text{环比增长速度}=\text{环比发展速度}-100\%$$

需要指出的是，定基增长速度与环比增长速度之间不存在连乘积的关系。如果用已知的环比增长速度推算定基增长速度，需要把环比增长速度换算成环比发展速度，再利用环比发展速度和定基发展速度之间的连乘积关系求得定基发展速度，然后由定基发展速度减去 100%，便得到所求的定基增长速度。

（五）增长 1%的绝对值

这一指标主要用来补充说明增长速度的实际效果，它能给人以增长 1%的具体的绝对量概念。计算公式为：

$$\text{增长 }1\%\text{ 的绝对值}=\frac{\text{上期水平}}{100}$$

表 5-6 中第 8 行数字就是增长 1%的绝对值。

在计算速度指标时，有两点需要说明：

（1）速度指标通常是根据绝对数动态数列和平均数动态数列计算的，用相对数动态数列（强度相对数除外），计算速度指标，意义不大，不能确切说明问题。

（2）有些现象，如企业利润，如果基期亏损，报告期赢利，或者相反，也不宜计算速度指标，因为二者是不同性质的。实际工作中遇到这种情况可以用文字加以说明。

三、动态平均指标

（一）动态平均指标的概念

动态平均指标是把动态数列中的各项指标数值加以平均而求得的平均数，用以反映现象在一段时间内所达到的一般水平。

动态平均指标又称为序时平均数，包括平均增长量、平均发展水平、平均发展速度和平均增长速度四种。计算动态平均指标的方法除了算术平均数和调和平均数的方法外，还要用到几何平均数和高次方程的方法，不同的方法适用于不同的序时平均数。

序时平均数和一般平均数都是把现象的数量差异抽象化，概括地反映现象的一般水平。但两者是有区别的：一般平均数是把总体各单位在同一时间的某一数量标志值加以平均，把总体各单位标志值抽象化，从静态上说明总体各单位某一数量标志的一般水平；而序时平均数是把总体在不同时期或时点上的指标数值加以平均，把总体的某一指标数值在时间上的差异抽象化，从动态上说明总体某一指标在不同时间的一般水平。

（二）平均增长量

平均增长量是各逐期增长量的序时平均数，表明现象在一定时期内平均每期比上期增长的数量。用简单算术平均法计算。其计算公式为：

$$\text{平均增长量}=\frac{\text{各逐期增长量之和}}{\text{逐期增长量的个数}}$$

由于分子各逐期增长量之和等于累计增长量，其计算公式又可表示为：

$$平均增长量=\frac{累计增长量}{项数-1}$$

（三）平均发展水平

平均发展水平是把动态数列中的指标数值加以平均而求得的平均数，用以反映现象在一段时期内发展的一般水平。计算平均发展水平的动态数列有绝对数动态数列、相对数动态数列和平均数动态数列。

1. 绝对数动态数列平均发展水平的计算

（1）时期数列平均发展水平的计算。由于时期数列的各项指标数值可以相加，所以其平均发展水平可以用简单算术平均数的方法计算，即：

$$\bar{a}=\frac{a_1+a_2+\cdots+a_n}{n}=\frac{\sum_{i=1}^{n}a_i}{n}$$

式中：$\bar{a}$ 表示平均发展水平；

a_i 表示动态数列中各项指标数值；

n 表示指标数值的个数。

（2）时点数列平均发展水平的计算。由于时点数列有连续时点数列和间断时点数列之分，其平均发展水平的计算方法有以下几种情况：

① 连续时点数列平均发展水平的计算。连续时点数列平均发展水平的计算可采用算术平均法。

当数列中的各项数值未经分组时，用简单算术平均法，即：

$$\bar{a}=\frac{\sum_{i=1}^{n}a_i}{n}$$

当数列中的各项数值已经分组时，则用加权平均法，即：

$$\bar{a}=\frac{\sum_{i=1}^{n}a_if_i}{\sum_{i=1}^{n}f_i}$$

式中：f_i 为时点的间隔长度。

【例 5-1】试根据下表资料计算某车间一月份职工平均在册人数。

表 5-7　某车间一月份职工在册人数

日期	1—5 日	6—9 日	10—14 日	15—19 日	20—27 日	28—31 日
在册人数（人）	100	108	106	105	106	104

由于上表资料是经过分组的，所以该车间一月份职工平均在册人数为：

$$\bar{a}=\frac{\sum_{i=1}^{n}a_if_i}{\sum_{i=1}^{n}f_i}=\frac{100\times5+108\times4+106\times5+105\times5+106\times8+104\times4}{5+4+5+5+8+4}=105(\text{人})$$

②间断时点数列平均发展水平的计算。间断时点数列平均发展水平的计算一般采用两次平均法。计算时假定指标值在两个时点之间是均匀变动的，先求两时点指标值的平均数，再用算术平均数计算平均发展水平。

ⅰ间隔相等的时点数列。其平均发展水平采用两次简单算术平均数的方法进行计算。计算公式为：

$$\bar{a}=\frac{\frac{a_1+a_2}{2}+\frac{a_2+a_3}{2}+\frac{a_3+a_4}{2}+\cdots+\frac{a_{n-1}+a_n}{2}}{n-1}$$

$$=\frac{\frac{a_1}{2}+a_2+a_3+\cdots+a_{n-1}+\frac{a_n}{2}}{n-1}$$

这种计算方法又叫做“首尾折半法”。

【例 5-2】某企业某年各季末商品库存资料如表 5-8 所示。

表 5-8　某企业某年各季末商品库存资料

季　度	一季初	一季末	二季末	三季末	四季末
商品库存（万元）	52	42	46	48	52

试据此计算该企业商品的年平均库存。

本例中虽然只有五个时点资料，但相邻两时点间的时间间隔长度相等，都是一个季度，则平均商品库存为：

$$\bar{a}=\frac{\frac{52}{2}+42+46+48+\frac{52}{2}}{5-1}=47(\text{万元})$$

该企业商品的年平均库存额为 47 万元。

ⅱ间隔不等的时点数列。间隔不等的时点数列的平均发展水平，都要以间隔的时间长度作权数，对各相应的时点的平均数进行加权，应用加权平均法计算序时平均数，其计算公式为：

$$\bar{a}=\frac{\frac{a_1+a_2}{2}\times f_1+\frac{a_2+a_3}{2}\times f_2+\frac{a_3+a_4}{2}\times f_3+\cdots+\frac{a_{n-1}+a_n}{2}\times f_{n-1}}{\sum_{i=1}^{n}f_i}$$

式中：f_i 表示各时点间的时间长度。

【例 5-3】某单位 2015 年职工人数资料如表 5-9 所示。

表 5-9　某单位 2015 年职工人数资料

日期	1月1日	3月1日	6月1日	10月1日	12月31日
职工人数（人）	880	900	920	980	1 000

试据此计算该单位 2015 年职工平均人数。

本例中虽然也有五个时点资料，但相邻两时点间的时间间隔长度不相等，则该单位职工平均人数为：

$$\bar{a}=\frac{\frac{880+900}{2}\times 2+\frac{900+920}{2}\times 3+\frac{920+980}{2}\times 4+\frac{980+1\ 000}{2}\times 3}{2+3+4+3}=940(\text{人})$$

必须指出，在上述计算中我们是假定在两个时点间这一段时期内，指标数值是均匀变化的，但实际上现象的数量变动不可能是均匀的。因此用上述公式计算的平均发展水平只能是一个近似值。

2. 相对数动态数列平均发展水平的计算

由于相对数动态数列中的各项指标数值不能相加，所以不能由相对数动态数列直接计算平均发展水平。但是，相对数动态数列总是由两个有联系的绝对数动态数列对比而得到的。因此，计算相对数动态数列的平均发展水平，可先分别计算其分子、分母两个绝对数动态数列的平均发展水平，再用分子数列的平均发展水平除以分母数列的平均发展水平而求得。其计算公式为：

$$\bar{c}=\frac{\bar{a}}{\bar{b}}$$

式中：$\bar{c}$ 为相对数动态数列的平均发展水平；

$\bar{a}$ 为构成 $\bar{c}$ 数列的分子数列的平均发展水平；

$\bar{b}$ 为构成 $\bar{c}$ 数列的分母数列的平均发展水平。

【例 5-4】某企业 2015 年一季度各月产值计划完成情况如表 5-10 所示，表中第 3 行是计划完成程度相对数动态数列。

表 5-10　某企业 2015 年一季度各月产值计划完成情况

	一月	二月	三月	合计
实际产值（万元）	210	240	276	726
计划产值（万元）	200	220	240	660
计划完成程度（%）	105	109	115	110

试根据表中资料计算该企业一季度平均计划完成程度。

本例中构成相对数动态数列 c 的分子数列 a 为实际产值，分母数列 b 为计划产值，则该企业一季度平均计划完成程度为：

$$\bar{c}=\frac{\bar{a}}{\bar{b}}=\frac{\frac{\sum_{i=1}^{n}a_i}{n}}{\frac{\sum_{i=1}^{n}b_i}{n}}=\frac{\sum_{i=1}^{n}a_i}{\sum_{i=1}^{n}b_i}$$

$$=\frac{210+240+276}{200+220+240}\times 100\%$$

$$=110\%$$

3. **平均数动态数列平均发展水平的计算**

平均数有一般平均数和序时平均数两种，由于两种平均数组成的动态数列的性质不同，其计算平均发展水平的方法也不尽相同。

（1）由一般平均数动态数列计算平均发展水平。因为一般平均数动态数列和相对数动态数列一样，也是由两个有联系的绝对数动态数列的指标数值相对比得到的，所以，可以套用相对数动态数列计算平均发展水平的方法。其计算公式为：

$$\bar{c}=\frac{\bar{a}}{\bar{b}}$$

（2）由序时平均数动态数列计算平均发展水平。这种情况应考虑数列各项指标数值所属的时期是否相等，若时期相等，可以用简单算术平均法计算；若时期不等，则要将时期长度作权数采用加权算术平均法进行计算。

【例 5-5】某企业下半年职工人数资料如表 5-11 所示：

表 5-11　某企业下半年职工人数资料

时间	7 月	8 月	9 月	四季度
职工平均人数（人）	426	452	466	460

试求该企业下半年职工平均人数。

这是一个由序时平均数组成的动态数列，由于各项指标数值的时期不等，所以要用加权算术平均法计算：

$$\bar{a}=\frac{\sum_{i=1}^{n}a_if_i}{\sum_{i=1}^{n}f_i}=\frac{426\times 1+452\times 1+466\times 1+460\times 3}{1+1+1+3}$$

$$=454(\text{人})$$

所以该企业下半年职工平均人数为 454 人。

（四）平均发展速度和平均增长速度

1. 平均发展速度

平均发展速度是把现象在研究期间各个时间的环比发展速度加以平均而求得的平均

数，用以反映现象在一段较长时间内逐期发展速度的一般水平。由于它是由动态相对数构成的动态数列的序时平均数，其计算方法与平均发展水平的计算方法不同，常用的计算方法有水平法和累计法两种。

（1）水平法。水平法又叫几何平均法。其基本思想是：如果各年都以平均发展速度发展，到最末一年所达到的总速度，应与各年用其实际发展速度发展到最末一年所达到的总速度相等。

设某一经济现象各年具体的环比发展速度依次为：

$$x_1, x_2, x_3, \cdots, x_n$$

设最末一年的总速度为R，也即最末一年对基年的定基发展速度，由定基发展速度与环比发展速度的关系可知：

$$x_1 \cdot x_2 \cdot x_3 \cdot \cdots \cdot x_n = R$$

设该经济现象的年平均发展速度为$\bar{x}$，根据水平法的要求，到最末一年也应该达到相同的总速度R，即：

$$\underbrace{\bar{x} \cdot \bar{x} \cdot \bar{x} \cdot \cdots \cdot \bar{x}}_{n\text{个}} = R$$

则有：$\bar{x}^n = R = x_1 \times x_2 \times x_3 \times \cdots \times x_n$

$\bar{x} = \sqrt[n]{R} = \sqrt[n]{x_1 \times x_2 \times x_3 \times \cdots \times x_n}$

由于：$R = \dfrac{a_n}{a_0}$

所以：$\bar{x} = \sqrt[n]{R} = \sqrt[n]{\dfrac{a_n}{a_0}}$

以上就是水平法计算平均发展速度的常用公式。它说明平均发展速度等于各环比发展速度的几何平均数，或等于最末一年总速度的n次方根。

不论选用哪个公式，都需要求高次方根，需要借助对数计算，或用多功能计算器计算。

【例 5-6】某乡 2010—2015 年工业总产值见下表，试计算该乡 2010—2015 年工业总产值的平均发展速度。

表 5-12　某乡 2010—2015 年工业总产值资料

年　份	2010	2011	2012	2013	2014	2015
工业总产值（万元）	4 000	4 200	4 500	4 700	4 900	5 200
环比发展速度（%）	—	105.0	107.1	104.4	104.3	106.1

设年平均发展速度为$\bar{x}$，则：

$$\bar{x} = \sqrt[n]{x_1 \cdot x_2 \cdot x_3 \cdot \cdots \cdot x_n}$$

$$= \sqrt[5]{1.05 \times 1.071 \times 1.044 \times 1.043 \times 1.061}$$

两边取对数，则有：

$$\lg \bar{x} = \frac{1}{5}(\lg 1.05 + \lg 1.071 + \lg 1.044 + \lg 1.043 + \lg 1.061)$$

$$= 0.022\ 7$$

查对数表得：

$$\bar{x} = 1.054(或\ 105.4\%)$$

或：$\bar{x} = \sqrt[n]{\frac{a_n}{a_0}}$

$$= \sqrt[5]{\frac{5\ 200}{4\ 000}}$$

$$= \sqrt[5]{1.3}$$

$$= 1.054\ (或\ 105.4\%)$$

所以该乡 2010—2015 年工业总产值的年平均发展速度为 105.4%。

（2）累计法。累计法又叫高次方程法，其计算平均发展速度的依据是：如果各年都用平均发展速度发展，那么各年发展水平的总和应与各年实际发展水平的总和相等，因而叫累计法。根据这一思路则有：

$$a_0\bar{x} + a_0\bar{x}^2 + \cdots + a_0\bar{x}^n = a_1 + a_2 + \cdots + a_n$$

上式经整理，则有：

$$a_0(\bar{x} + \bar{x}^2 + \cdots + \bar{x}^n) = \sum_{i=1}^{n} a_i$$

$$\bar{x} + \bar{x}^2 + \cdots + \bar{x}^n = \frac{\sum_{i=1}^{n} a_i}{a_0}$$

这是一个以 $\bar{x}$ 为未知数的高次方程。解这个关于 $\bar{x}$ 的高次方程的正根，就是所求的平均发展速度。

在实际统计工作中，都是根据事先编好的累计法《平均发展速度查对表》来计算的。关于高次方程的具体解法，本书不作讨论。

有些社会经济现象，如基本建设投资额的长期计划，是以各年发展水平的总数给出的。这种情况宜采用累计法计算平均发展速度。在实际工作中，几何平均法是计算平均发展速度的基本方法。

2. **平均增长速度**

平均增长速度是环比增长速度所构成的动态数列的序时平均数，用以反映现象在较长时期内逐期增长速度的一般水平。

平均增长速度的计算不能应用前面求平均发展水平和平均发展速度的方法，也不能由增长速度直接计算平均增长速度。因为，总增长速度既不等于各环比增长速度的连乘积，也不等于各环比增长速度的总和。所以，计算平均增长速度必须通过平均发展速度间接求出，其计算公式为：

$$平均增长速度 = 平均发展速度 - 100\%$$

【例 5-7】上例中，某乡 2010—2015 年间的平均增长速度为：

$$平均增长速度=105.4\%-100\%=5.4\%$$

【例 5-8】某种产品 2012 年的单位成本为 100 元，到 2016 年降低为 85 元，试求该产品的单位成本平均每年降低百分之几？

设平均每年降低速度为 $\bar{x}'$，则：

$$\bar{x}=\sqrt[n]{R}=\sqrt[4]{\frac{85}{100}}=0.9603$$

$$\begin{aligned}\bar{x}'&=\bar{x}-100\%\\&=96.03\%-100\%\\&=-3.97\%\end{aligned}$$

所以该产品单位成本平均每年降低了 3.97%。

四、现象发展的趋势分析

（一）动态数列的影响因素

编制动态数列的目的，就是要通过对动态数列的分析研究，认识社会经济现象发展变化的趋势及其发展规律。社会经济现象的发展变化是由许多错综复杂的因素共同作用的结果。其中，有些属于基本因素，它对事物的发展起决定性作用，影响事物在某一较长时期内的发展变化，呈现出一定趋向，沿着一个方向发展；有些属偶然因素、非基本因素，它对事物的发展只起局部的、非决定性的作用，影响动态数列各期水平出现短期不规则波动。虽然影响事物发展变化的因素很多，但是要将每一因素的影响趋势、影响程度分别测定出来是很困难的。在实际分析中，只能将各种因素按性质不同加以概括、归类，然后按类测定它们各自对事物发展变化的影响状况。这些因素概括起来主要有以下四类：

1. 长期趋势因素

长期趋势因素是指对社会经济现象在一个相当长的时期内比较稳定的、经常起作用的因素。如生产力的不断发展，科学技术的不断进步等。如果现象只受长期趋势因素的影响，则其发展变化必然是逐渐增长或逐渐下降的。

2. 季节因素

季节因素是指社会经济现象在一年内由于不同季节的特点而引起的自然条件和生产条件的变化，使其出现季节性的波动。其特点是在短时间里（如月、季）对现象的影响较显著，但在一年内，它对现象各季的好坏影响则可以综合抵消。

3. 循环因素

循环因素是指使社会经济现象出现周期性波动的因素。这种周期性波动的特点是环绕某一曲线上下所形成的周而复始的变动形式。它不同于季节因素使现象在一年四季内上下波动。

4. 偶然因素

偶然因素是指社会经济现象由于突发事件或偶然因素引起的无周期性的波动。这种因素在目前科学技术条件下还不能预测或者控制。其特点是它对现象的影响在短时间内不易消除，但在较长时期内它对现象的正负影响一般可以抵消。

此外，现象之间也存在着相互联系、相互影响和相互制约的关系。

（二）长期趋势的分析

长期趋势是指现象在相当长的时期内，持续增长或不断下降的趋势。分析动态数列的长期趋势，有助于认识现象的变动规律，这样可以为预测事物未来的发展变化提供依据，而且对编制计划、指导生产和经营、进行正确决策都具有重要意义。

分析和测定现象变动的长期趋势，主要是对动态数列进行修匀。修匀的方法有很多，常用的有：时距扩大法、序时平均法、移动平均法、数学方程法等，下面分别对这些方法进行介绍。

1. 时距扩大法

时距扩大法是将原动态数列中的时距适当扩大，再将扩大了的时间单位的数据合并，组成一个新的动态数列。其作用在于消除偶然因素和季节因素的影响，使现象的发展趋势明显地显现出来。

【例 5-9】如表 5-13 所示的资料，某企业某产品的销售因有季节变动因素的影响，该产品销售量的趋势不太明显。若将其时间间隔一个季度扩大为一年，整理合并出表 5-14 所示的形式，就明显地看出该产品的销售量呈明显的上升趋势。

表 5-13　某企业某产品各季销售量

年-季	销售量（千件）	年-季	销售量（千件）
2012-1	12	2014-1	12
2012-2	16	2014-2	16
2012-3	10	2014-3	20
2012-4	8	2014-4	12
2013-1	10	2015-1	10
2013-2	18	2015-2	20
2013-3	16	2015-3	22
2013-4	10	2015-4	14

表 5-14　某企业某产品各年销售量

年　份	2012	2013	2014	2015
销售量（千件）	46	54	60	66

应用时距扩大法应注意以下问题：

（1）它只适用于时期数列，不适用其他动态数列，因为只有时期数列的指标数值才能相加。

（2）时距扩大的长度应视现象的具体特点而定。

（3）同一动态数列，时距扩大的长度应该一致。

2. 序时平均法

序时平均法是将原数列的时距扩大后，计算时距扩大后的数列的平均发展水平，以消除现象在短期内的波动，显示出现象的长期趋势。

【例 5-10】将表 5-14 的资料计算出平均每季的销售量，其趋势与时距扩大法的表现仍然相同，见表 5-15。

表 5-15 某企业某产品平均每季销售量

年 份	2012	2013	2014	2015
平均每季销售量（千件）	11.5	13.5	15	16.5

序时平均法与时距扩大法相比，其应用范围更广泛，它不仅适用于时期数列，而且也适用于时点数列，平均的期限长度可以灵活掌握，以能准确反映现象的发展趋势为准。

3. 移动平均法

移动平均法，就是从数列的第一项数值开始，按照一定项数求序时平均数，并且逐项移动平均，这样就可以得到一个由移动平均数构成的新数列，以消除偶然因素和季节因素的影响，反映出现象发展的长期趋势的方法。

移动平均的项数多少直接影响修匀的程度，一般来说，移动平均的项数越多，对原数列的修匀作用就越大；反之，修匀的作用就越小。在数列中如果存在自然周期，则应以自然周期作为移动平均的项数。

【例 5-11】现仍以表 5-13 所示资料，说明移动平均法的应用，如表 5-16 所示。

表 5-16 某企业某产品各季销售量

季节顺序	销售量（千件）	4 项移动平均	移动平均修正
1	12	—	—
2	16	11.5	—
3	10	11.0	11.25
4	8	11.5	11.25
5	10	13.0	12.25
6	18	13.5	13.25
7	16	14.0	13.75
8	10	13.5	13.75
9	12	14.5	14.00
10	16	15.0	14.75
11	20	14.5	14.75
12	12	15.5	15.00
13	10	16.0	15.75
14	20	16.5	16.25
15	22	—	—
16	14		—

表 5-16 中第三列 4 项移动平均，第一个平均数是 $\frac{12+16+10+8}{4}=11.5$，第二个平均数是 $\frac{16+10+8+10}{4}=11$，将所得平均数对着四项被平均数的中间列入表内，依此类推，共得到 13 个移动平均数。第四列移动平均修正的方法是再从 4 项移动平均数的第一

项起，进行两项平均所得的平均数。

4. **最小平方法**

最小平方法又叫最小二乘法，是统计学中估计数学模型参数所使用的最重要的一种方法。其数学依据是：如果现象的发展趋势大致是直线型的，就可以为其配合一条直线 $\hat{y}=a+bt$，以反映现象的长期趋势。最好的一条直线是：根据它计算出来的趋势值 $\hat{y}_i$ 与实际观察值 y_i 之间的离差平方和最小，即：

$$\sum_{i=1}^{n}(y_i-\hat{y}_i)^2=\text{最小值}$$

将 $\hat{y}_i=a+bt_i$ 代入上式，则有：

$$\sum_{i=1}^{n}(y_i-a-bt_i)^2=\text{最小值}$$

根据高等数学中求偏导数的方法，可以得出下列关于 a、b 两个参数的标准方程：

$$\begin{cases}\sum_{i=1}^{n}y_i=na+b\sum_{i=1}^{n}t_i\\\sum_{i=1}^{n}t_iy_i=a\sum_{i=1}^{n}t_i+b\sum_{i=1}^{n}t_i^2\end{cases}$$

解此方程组，则得：

$$\begin{cases}a=\bar{y}-b\bar{t}\\b=\dfrac{n\sum_{i=1}^{n}t_iy_i-\sum_{i=1}^{n}t_i\sum_{i=1}^{n}y_i}{n\sum_{i=1}^{n}t_i^2-(\sum_{i=1}^{n}t_i)^2}\end{cases}$$

由于在上式中，$\sum_{i=1}^{n}t_i$ 是一个共同因子，因此，我们可以采用使 $\sum_{i=1}^{n}t_i=0$ 的简捷计算法来求 a、b 两个参数。具体计算过程是：当资料的项数为奇数时，以中间项为原点，各项的 t 值分别取…，-3，-2，-1，0，1，2，3，…，从而使 $\sum_{i=1}^{n}t_i=0$；当项数为偶数时，各项的 t 值分别取…，-5，-3，-1，0，1，3，5，…，同样可以使 $\sum_{i=1}^{n}t_i=0$。

于是上述方程可以简化为：

$$\begin{cases}a=\dfrac{\sum_{i=1}^{n}y_i}{n}\\b=\dfrac{\sum_{i=1}^{n}t_iy_i}{\sum_{i=1}^{n}t_i^2}\end{cases}$$

【例 5-12】将上例资料改为如下的计算表，如表 5-17 所示。

表 5-17　计算表

季节顺序	销售量 y_i	t_i	t_i^2	t_iy_i
1	12	−15	225	−180
2	16	−13	169	−208
3	10	−11	121	−110
4	8	−9	81	−72
5	10	−7	49	−70
6	18	−5	25	−90
7	16	−3	9	−48
8	10	−1	1	−10
9	12	1	1	12
10	16	3	9	48
11	20	5	25	100
12	12	7	49	84
13	10	9	81	90
14	20	11	121	220
15	22	13	169	286
16	14	15	225	210
Σ	226	0	1 360	262

根据表 5-17 计算出 a 和 b 的值为：

$$\begin{cases} a=\dfrac{\sum\limits_{i=1}^{n} y_i}{n}=\dfrac{226}{16}=14.125 \\ b=\dfrac{\sum\limits_{i=1}^{n} t_iy_i}{\sum\limits_{i=1}^{n} t_i^2}=\dfrac{262}{1\ 360}=0.193 \end{cases}$$

将 a、b 的值代入趋势方程得：

$$\bar{y}=14.125+0.193t$$

【例 5-13】根据例 5-12 所得的趋势方程，预测该企业 2016 年第一季度和第四季度的销售量。

按简捷法的要求，第一季度的 t 值为 17，则：

第一季度的销售量为：$\bar{y}=14.125+0.193\times17=17.406$（千件）

第四季度的 t 值为 20，则：

第四季度的销售量为：$\bar{y}=14.125+0.193\times20=17.985$（千件）

（三）季节变动的分析

季节变动分析是指对动态数列进行加工分析，从而消除长期趋势因素和偶然因素对现象发展的影响，使季节因素对现象的影响而产生的波动显现出来的方法。测定季节变动要求具有三年以上分月或分季的资料，按年计算的资料不能测定季节变动。

测定季节变动的方法有两种：一种是不考虑长期趋势，即假定不存在长期趋势，在这种情况下，可以用按月（或按季）平均法；另一种是考虑长期趋势的存在，然后再分析季节变动。下面分别予以介绍。

1. **按月（或按季）平均法**

【例 5-14】以表 5-18 所示资料为例介绍按月（或按季）平均法的季节变动分析。

表 5-18　某企业某产品销售资料　　单位：万件

	一季度	二季度	三季度	四季度	合　计
2013	8	10	19	12	49
2014	7	11	22	14	54
2015	11	15	25	20	71
2016	14	18	29	22	83
合计	40	54	95	68	257
季平均	10.00	13.50	23.75	17.00	16.06
季节比率（%）	62.30	84.06	147.88	105.85	400.09

这种方法是先将各年同月（或季）的数值列在同一栏内，求出各月（或季）的简单平均数，并求出该数列全期总的月（或季）平均数，用各栏求得的月（或季）平均数除以总的平均数计算出季节比率。四个季度的季节比率之和应等于 400%。如果不等于 400%，就需要校正，校正的方法是用校正系数乘以各季度的平均季节指数。

从上例中可以看出，某企业某种产品的销售受季节因素影响比较强烈，一季度的销售量最低，为正常销售量的 62.3%，三季度的销售量最高，为正常销售量的 147.88%，三季度的销售量约为一季度销售量的 2.4 倍。

必须指出，用这种方法并没有消除长期趋势因素的影响，若季节因素影响很显著，而长期增长趋势不明显，则这种方法能大体上反映季节因素的影响程度。

2. **移动平均趋势剔除法**

移动平均趋势剔除法，是先对动态数列用移动平均法求出长期趋势值，然后将其趋势值从原动态数列中剔除，再测定季节变动，计算季节指数。季节指数高的是“旺季”，季节指数低的是“淡季”。

【例 5-15】下面以某企业 2012—2015 年 16 个季度某种产品的销售资料为例，见表 5-19 和表5-20，说明移动平均趋势剔除法测定季节变动的具体步骤。

第一步：根据原动态数列按季（或月）的实际资料，用移动平均法求长期趋势值 $\hat{y}$。

第二步：用原数列实际发展水平除以趋势值（$y/\hat{y}$），得出剔除趋势后的新数列，作为季节比率的原始数据。

第三步：将各年同季的季节比率相加并平均，就得出了消除偶然因数影响的季节指数。见表 5-20。

表 5-19　移动平均趋势剔除法季节比率计算表

年　份	季　别	销售量 y_i（千件）	四季移动平均数	趋势值 $\hat{y}_i$	季节比率（$y_i/\hat{y}_i$）（%）
2012	1	8	—	—	—
	2	10	12.25	—	—
	3	19	12.00	12.125	156.7
	4	12	12.25	12.125	99.0
2013	1	7	13.00	12.625	55.4
	2	11	13.50	13.250	83.0
	3	22	14.50	14.000	157.1
	4	14	15.50	15.000	93.3
2014	1	11	16.25	15.875	69.3
	2	15	17.75	17.000	88.2
	3	25	18.50	18.125	137.9
	4	20	19.25	18.875	106.0
2015	1	14	20.25	19.750	70.9
	2	18	20.75	20.500	87.8
	3	29	—	—	—
	4	22		—	—

第四步：把各季的平均季节指数相加，其总和如果不等于 400%，就需要校正，校正的方法是用校正系数乘以各季度的平均季节指数，即为所求的校正季节指数。

$$校正系数=\frac{400\%}{各季平均季节指数之和}$$

表 5-20　移动平均趋势剔除法季节指数计算表　　单位：%

	一季度	二季度	三季度	四季度	合　计
2012	—	—	156.7	99.0	—
2013	55.4	83.0	157.1	93.3	—
	一季度	二季度	三季度	四季度	合计
2014	69.3	88.2	137.9	106.0	—
2015	70.9	87.8	—	—	—
合　计	195.6	259.0	451.7	298.3	—
平均季节指数	65.2	86.3	150.6	99.4	401.5
校正季节指数	64.96	85.98	150.04	99.02	400.00

这种方法由于先消除了长期趋势，所得平均季节指数已不受突然增大的数值影响，因而测定的季节变动比较精确。

【复习与思考】

1. 什么是动态数列？简述动态数列的构成要素？

2. 动态数列有几种类型？为什么说绝对数动态数列是最基本的数列？

3. 时期数列和时点数列各有什么特点？

4. 编制动态数列的原则是什么？

5. 环比发展速度和定基发展速度有什么关系？

6. 比较序时平均数和一般平均数的异同。

7. 什么是平均发展速度和平均增长速度？两者之间有什么关系？

8. 测定长期趋势有什么意义？测定长期趋势的常用方法有哪些？

【练习题】

1. 某县2010年至2015年国民收入资料见下表，试计算各动态分析指标。

年　份	2010	2011	2012	2013	2014	2015
国民收入（万元）	3 010	3 350	3 688	3 940	4 261	4 673
逐期增长量（万元）						
累积增长量（万元）						
定基发展速度（%）	100.0					
环比发展速度（%）						
定基增长速度（%）						
环比增长速度（%）						
增长1%绝对值（万元）						

2. 我国原煤产量1957年比1952年增长了95.5%，1956年比1952年增长了66%，1955年比1952年增长了47.8%，试计算：

①1957年比1956年的增长速度。

②1956年比1955年的增长速度。

3. 某公司2010—2015年某产品的销售量见下表：

年　份	2010	2011	2012	2013	2014	2015
销售量（万吨）	190	200	240	360	540	720

试计算：①该期间的平均发展水平与平均增长量。

②该期间的平均发展速度与平均增长速度。

4. 已知某厂2005年钢产量为100万吨，2015年比2005年增加了50万吨，试计算：

①2005—2015年的平均增长速度。

②如果照此速度规划，该厂到2018的钢产量是多少？

③如果每吨钢的成本下降了30%，平均增减速度是多少？

5. 某厂2015年某种材料库存量资料见下表，试据此计算该材料上半年、下半年及全年的平均库存量。

日　期	上年末	3月初	6月末	8月末	12月末
库存量（吨）	200	180	210	220	240

6. 某厂6#产品的产量及单位成本资料见下表：

年　份	2011	2015
产量（件）	3 000	4 500
单位成本（元/件）	280	250

试计算：①产量的平均增长速度。

②单位成本的平均递减速度。

③按计算出的速度以2015年为基础，规划出该厂2021年6#产品的产量和单位产品成本。

7. 某地区2011—2015年国内生产总值资料如下：

年　份	2011	2012	2013	2014	2015
国内生产总值（万元）	3 500	3 640	3 900	4 000	4 120

用最小平方法求出该地区国内生产总值的趋势直线方程，并预测2016年国内生产总值。

8. 某地区1912—2015年各季度羊毛衫的销售量资料见下表，在考虑长期趋势的情况下，计算羊毛衫销售量的季节指数。

单位：千件

季　度	2012年	2013年	2014年	2015年
1	80	85	90	110
2	25	27	35	39
3	45	48	60	86
4	90	100	126	143

【实训项目】

某企业近五年的销售收入见下表：

某企业近五年的销售收入

年　份	2011	2012	2013	2014	2015
销售收入（万元）	800	1 200	900	800	1 100

假设2010年销售收入为600万元。

请对该企业近五年的销售状况进行较为全面的动态分析，并提交分析报告。

任务六

统计指数分析

【任务目标】

知识目标：

1. 了解统计指数的概念及其分类。
2. 掌握综合指数的编制方法。
3. 掌握平均指数的编制方法。
4. 掌握平均指标指数的编制方法。
5. 熟练运用指数体系进行因素分析。

能力目标：

1. 熟练地编制综合指数和熟练地运用综合指数。
2. 熟练地编制平均指数和熟练地运用平均指数。
3. 熟练地编制平均指标指数和熟练地运用平均指标指数。
4. 熟练地运用指数体系进行两因素分析。

【案例导入】

国家统计局11日发布的数据显示，2012年12月份全国居民消费价格指数（CPI）同比上涨2.5%，涨幅比上月扩大0.5个百分点。

居民消费价格指数——总指数

全国居民消费价格指数是反映居民家庭购买生活消费品和支出服务项目费用价格变动趋势和程度的相对数。其目的在于观察居民生活消费品及服务项目价格的变动对城乡居民生活的影响，为各级党政领导掌握居民消费状况，研究和制定居民消费价格政策、工资政策以及为国民经济核算体系中有消除价格变动因素的不变价格核算提供科学依据。居民消费价格指数还是反映通货膨胀的重要指标。根据国家统计局消费价格统计方法制度，目前我国消费价格指数按对比基期不同，可分为：以2000年价格为基期的指数（定基比）、以上月价格为基期的指数（月环比）、以上年同月价格为基期的指数（同期比）、本年一月至报告期以上年同期价格为基期的指数（累计比）和以上年12月价格为基期的指数共五种。国家统计局目前公布的物价指数主要是以上年同月价格为基期的指数（同期比）和本年一月至报告期以上年同期价格为基期的指数（累计比）两种。

注：为查询方便起见，本系统将本年一月至报告期以上年同期价格为基期的指数（累计比）处理成月度累计数据。

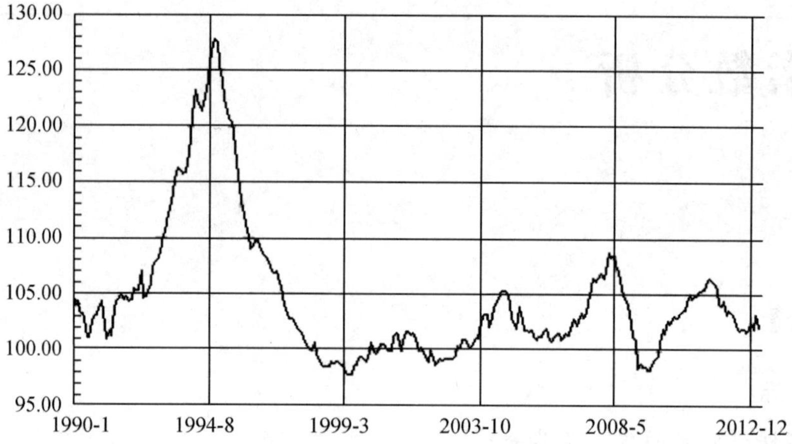

居民消费价格指数——总指数

统计月度	全国 当月／累计	城市 当月／累计	农村 当月／累计
2013-3	102.1／102.4	102.0／102.4	102.2／102.6
2013-2	103.2／102.6	103.2／102.6	103.3／102.7
2013-1	102.0／102.0	102.0／102.0	102.2／102.2
2012-12	102.5／102.6	102.5／102.8	102.5／102.6
2012-11	102.0／102.7	102.1／102.7	101.9／102.5
2012-10	101.7／102.7	101.8／102.8	101.5／102.6
2012-9	101.9／102.8	102.0／102.9	101.7／102.7
2012-8	102.0／102.9	102.1／103.0	101.8／102.8
2012-7	101.8／103.1	101.9／103.1	101.5／103.0
2012-6	102.2／103.3	102.2／103.3	102.0／103.3
2012-5	103.0／103.5	103.0／103.5	102.9／103.5
2012-4	103.4／103.7	103.4／103.7	103.3／103.7
2012-3	103.6／103.8	103.6／103.8	103.6／103.8
2012-2	103.2／103.9	103.2／103.8	103.2／103.9
2012-1	104.5／104.5	104.5／104.5	104.6／104.6

资料来源：http：//app. finance. ifeng. com/data/mac/jmxf. php

统计指数在我们的经济生活和日常生活中应用得越来越广泛，物价指数、CPI、PPI等已经成为了生活中的日常术语。它是研究现象数量对比关系的一种重要的统计分析方法，也是研究发展变化的好与坏、成与于败的重要的分析手段之一。

【理论指导】

一、统计指数概述

（一）统计指数的概念

指数的概念，起源于对物价变动的研究。随着历史的推移，指数的应用不断推广到经济领域的各个方面，因而指数的概念也不断扩大和完善。当今在我国统计界一般认为：统计指数是研究社会经济现象数量方面时间变动状况和空间对比关系的分析方法。同时还认为统计指数有广义和狭义之分。从广义来说，凡是用来反映研究社会经济现象时间变动和空间对比状况的相对数，如动态相对数、比较相对数、强度相对数、计划完成相对数，都可称为指数。但从狭义来说，统计指数仅指用来反映不能直接相加的复杂社会经济现象在数量上综合变动的相对数。例如，要反映某大型商场全部商品销售量的平均变动程度，由于各种商品的使用价值不同，它们不能直接相加对比，要解决这类不能直接相加对比的复杂经济现象的综合变动程度问题，就要编制狭义的指数。本任务研究的指数，主要是狭义的指数。

（二）统计指数的作用

1. 综合反映复杂经济现象总体的变动方向和变动程度

在统计实践中，经常要研究多种不同商品的价格以及多种不同商品的产量或销售量的变动程度和变动方向等。这类问题由于不同商品的使用价值不同、计量单位不同，所研究总体中的个体不能直接相加对比，只有用统计指数法，编制统计指数，才能得到解决。

2. 分析和测定社会经济现象总体变动受各因素变动的影响

任何一个复杂经济现象总体都是由多个因素构成的，如销售额＝销售量×销售价格，总成本＝产量×单位成本等。利用指数体系，可以测定复杂现象总变动中，各构成因素变动对现象总变动的影响方向和程度。

此外，利用连续编制的指数数列，对复杂现象总体长时间发展变化趋势进行分析。

（三）统计指数中的一些常见符号

统计指数中的一些常见符号的含义：K 代表个体指数，$\overline{K}$ 代表总指数，q 代表数量指标，p 代表质量指标，下标 1 代表报告期，下标 0 代表基期，下标 n 代表不变期，q_1 代表报告期的数量指标，q_0 代表基期的数量指标，p_1 代表报告期的质量指标，p_0 代表基期的质量指标。

例如，某商场几种商品的有关资料如表 6-1 所示。

表 6-1 某商场几种商品的有关资料

商品名称	计量单位	销售价格（元）		销售量	
		基期 p_0	报告期 p_1	基期 q_0	报告期 q_1
甲	件	10	12	100	130
乙	台	110	120	50	60
丙	千克	4	5	1 000	800
合计	——	——	——	——	——

（四）统计指数的种类

1. 按研究范围的不同，统计指数可以分为个体指数和总指数

（1）个体指数，是反映单个事物变动情况的动态相对数。例如，某一种商品的销售量指数，销售价格指数，某一种产品的产量指数和单位成本指数。

（2）总指数，是反映复杂现象总体综合变动程度的动态相对数。如多种商品或产品的销售量指数或产量指数，多种商品的销售价格指数，多种产品的单位成本指数等。

2. 按指数化指标的性质不同，统计指数可以分为数量指标指数和质量指标指数

（1）数量指标指数，是用来反映数量指标变动的指数。例如，产量指数、销售量指数、职工人数指数等。

（2）质量指标指数，是用来反映质量指标变动的指数。例如，商品销售价格指数、产品单位成本指数、劳动生产率指数等。

3. 按反映的时间状态的不同，统计指数可以分动态指数和静态指数

（1）动态指数，是反映现象在不同时期变动程度的指数，如动态相对数。

（2）静态指数，是反映现象在同一时期不同空间对比情况或实际与计划对比情况的指数，如比例指数、计划完成指数等。

4. 按对比的时期不同，统计指数可以分为定基指数和环比指数（这是从指数数列的角度划分的）

（1）定基指数，是指在指数数列中以某一固定时期的水平作为对比基准的指数。例如，某厂工业总产值 2013 年与 2003 年相比为 130%，2014 年与 2003 年相比为 160%，2015 年与 2003 年相比为 180%，这些指数称为定基指数。

（2）环比指数，是指在指数数列中以其前一期的水平作为对比基准的指数。例如，某厂工业总产值 2013 年与 2012 年相比为 110%，2014 年与 2013 年相比为 112%，2015 年与 2014 年相比为 115%，这些指数称为环比指数。

二、综合指数

（一）综合指数的概念

综合指数是总指数的一种形式。它是由两个总量指标对比而形成的指数。凡一个总量指标可分解为两个或两个以上的因素指标时，将其中被研究因素以外的所有因素固定下来，仅观察被研究因素的变动，用这种方法编制的指数称为综合指数。

综合指数具有以下特点：首先，原则上分子、分母所包含的研究对象（例如商品）范围必须一致；其次，它所反映的现象变动程度是它所综合的资料的范围（例如一个企业、一个地区或全国）内该现象的变动程度；第三，它可以将范围扩大，将分子、分母分别进行综合，编制出更大范围的指数；第四，它所需要的资料都是全面资料，不存在抽样问题；第五，在计算方法上，它是先综合后对比。

综合指数是编制总指数所常用的一种计算形式，但它计算比较复杂，因为它反映多种不能直接相加现象总变动的程度。编制综合指数首先要解决一个问题，即加入同度量因素和固定同度量因素。所谓同度量因素就是使原来不能直接相加过渡到能够相加的媒介因素。如研究几种产品产量变动，即计算产量总指数，因为各种产品的使用价值不同，计量单位不同，故不能简单地直接相加。但如果把各种产品产量乘以其价格转化为价值量，这就可以相加。这里讲的价格因素就是一个同度量因素，所要研究的产量因素就是指数化因素。我们在编制综合指数时，首先要确定一个合理的同度量因素，其次要把同度量因素固定在某个时期。只有这样才能做到当研究一个因素变化对总指数影响程度时不受其他因素干扰。综合指数按其计算形式分为数量指数和质量指数，下面阐述其编制方法。

（二）数量指标指数的编制

数量指标指数是反映社会经济现象规模和水平变动的程度的指数。如工业产品产量指数、商品销售量指数等。这里以销售量指数为例，说明数量指标指数的编制原理及方法。

【例 6-1】某企业产品销售量和价格资料如表 6-2 所示。

表 6-2　某企业产品销售量和价格资料

商品名称	计量单位	价格（元）		销售量		销售额			
		基期 p_0	报告期 p_1	基期 q_0	报告期 q_1	q_1p_0	q_0p_0	q_1p_1	q_0p_1
甲	件	10	12	100	130	1 300	000	1 560	1 200
乙	台	110	120	50	60	6 600	5 500	7 200	6 000
丙	千克	4	5	1 000	800	3 200	4 000	4 000	5 000
合计	——	——	——	——	——	11 100	10 500	12 760	12 200

在编制销售量指数时，考虑到各种商品不同的计量单位和不同的使用价值，不能直接相加，所以要引入同度量因素。在此处，价格可以作为同度量因素，将销售量乘以单位价格转化为销售额指标，相加后再对比计算指数。当然这里还要考虑同度量因素固定在哪个时期。只有将同度量因素固定，才能单独体现销售量的总变动。根据上述资料采用不同时期的价格作为同度量因素，则销售量指数为：

（1）以基期价格为同度量因素。则：

$$\overline{K}_q=\frac{\sum q_1p_0}{\sum q_0p_0}$$

（2）以报告期价格为同度量因素。则：

$$\overline{K}_q=\frac{\sum q_1p_1}{\sum q_0p_1}$$

将表 6-2 的资料代入上述公式得销售量总指数为：

$$(1)\ \overline{K}_q=\frac{\sum q_1p_0}{\sum q_0p_0}\times100\%=\frac{11\ 100}{10\ 500}\times100\%=105.71\%$$

$$(2)\ \overline{K}_q=\frac{\sum q_1p_1}{\sum q_0p_1}\times100\%=\frac{12\ 760}{12\ 200}\times100\%=104.59\%$$

上述计算结果由于采用了不同时期的同度量因素而各不相同，但从理论上讲都有一定的经济意义。在实际应用中，同度量因素究竟应固定在哪个时期，一般来讲，研究数量指标指数时，将同度量因素固定在基期质量指标上，这样计算结果能单纯反映数量的变动程度。

综上所述，编制数量指标指数的一般原则是采用基期的质量指标作为同度量因素。则销售量指数为：

$$\overline{K}_q=\frac{\sum q_1p_0}{\sum q_0p_0}=\frac{11\ 100}{10\ 500}\times100\%=105.71\%$$

计算结果表明：这三种产品的产量综合增长了 5.71%，由于产量的增长而使产值增加了 600 元（11 100－10 500＝600）。

（三）质量指标指数的编制

质量指标指数是反映社会经济现象工作质量、管理水平的变化程度的指数。如物价指数、劳动生产率指数等。产量、销售量可作产品价格指数的同度量因素。同样道理，要考虑同度量因素固定在哪个时期。这里以价格指数为例，说明质量指标指数的编制原理及方法。

以【例 6-1】的资料为例，分别将基期和报告期销售量作为同度量因素，则价格总指数计算公式为：

（1）以基期销售量为同度量因素。则：

$$\overline{K}_p=\frac{\sum p_1q_0}{\sum p_0q_0}$$

（2）以报告期销售量为同度产量因素。则：

$$\overline{K}_p=\frac{\sum p_1q_1}{\sum p_0q_1}$$

将表 6-1 的资料代入上述公式得价格总指数为：

$$(1)\ \overline{K}_p=\frac{\sum p_1q_0}{\sum p_0q_0}\times100\%=\frac{12\ 200}{10\ 500}\times100\%=116.19\%$$

(2) $\overline{K}_p=\dfrac{\sum p_1q_1}{\sum p_0q_1}\times100\%=\dfrac{12\ 760}{11\ 100}\times100\%=114.95\%$

这两个计算价格指数的公式，由于采用了不同时期销售量作同度量因素，其计算结果也不相同。(1) 式能单纯地反映价格变动情况，(2) 式不仅反映了价格变动，也包含了产量的变动影响。故 (1) 式较 (2) 式更有现实意义。但究竟要选择哪个计算式，则要看研究目的和计算条件。一般来讲，编制质量指标指数时，将同度量因素固定在报告期数量指标上。

综上所述，编制质量指标综合指数的一般原则是采用报告期的数量指标作为同度量因素。

三种商品价格总指数为：

$$\overline{K}_p=\frac{\sum p_1q_1}{\sum p_0q_0}=\frac{12\ 760}{11\ 100}=1.149\ 5\text{ 或 }114.95\%。$$

计算结果表明：这三种商品的出厂价格综合上涨了 14 .95%，由于价格的上涨而使销售额增加了 1 660 元（12 760－11 100＝1 660）。

三、平均指数

（一）平均指数的概念及与综合指数的关系

平均指数作为总指数的另一种计算形式，是个体指数的加权平均数。它与综合指数之间既有区别又有联系。

平均指数与综合指数的区别主要表现在：一是综合指数是通过引进同度量因素，先计算出总体的总量，然后进行对比，即先综合后对比；而平均指数是在个体指数的基础上计算总指数，即先对比后综合。二是对掌握资料的要求不同。综合指数需要被研究总体的全面资料，对同度量因素的资料也比较严格，一般应采用与指数化指标有明确经济联系的指标，且应有一一对应的全面实际资料，如计算产品实物产量综合指数时，必须掌握各产品的实际价格资料；而平均指数既适用于全面资料，也适用于非全面资料。三是在经济分析中的具体作用不同。综合指数除可表明复杂总体的变动方向和程度外，还可进行因素分析；平均指数一般能通过总指数的形式表明复杂总体的变动方向和程度，而不能用于对现象进行因素分析。

平均指数和综合指数的联系主要表现为，在一定的指数条件下二者具有变形关系。

从理论上讲，任何一种综合指数形式均可变为相应的加权算术平均指数和加权调和平均指数形式。但在实际应用中，通常情况下从掌握资料的可能性看，能真正应用的只有两种形式，即数量指标指数的加权算术平均形式和质量指标指数的加权调和平均形式。

（二）平均指数的编制

1. 加权算术平均指数

加权算术平均指数，是以个体指数为变量值，以一定时期的总值指标为权数，对个体指数加权算术平均计算出的总指数。它一般适用于数量指标综合指数的变形情况。其计算公式如下：

$$\overline{K}_q=\frac{\sum K_q q_0 p_0}{\sum q_0 p_0}$$

式中：$\overline{K}_q$ 为物量总指数；K_q 为个体物量指数；$q_0 p_0$ 为基期总值指标，是权数。

因 $K_q=\frac{q_1}{q_0}$，所以 $q_1=K_q q_0$，则有

$$\overline{K}_q=\frac{\sum q_1 p_0}{\sum q_0 p_0}=\frac{\sum K_q q_0 p_0}{\sum q_0 p_0}$$

【例 6-2】某商场有关资料如表 6-3 所示。

表 6-3　销售量及基期销售额资料表

商品	计量单位	销售量			基期销售额（万元）p_0q_0	个体指数与基期销售额的乘积（万元）$K_qp_0q_0$
		基期 q_0	报告期 q_1	个体指数（%）K_q		
A	件	4 500	5 000	111.11	315	350
B	个	5 000	5 200	104.00	175	182
C	米	9 600	12 000	125.00	48	60
合　计	—	—	—		538	592

试计算三种商品销售量总指数。

根据表 6-3 的资料，销售量总指数为：

$$\overline{K}_q=\frac{\sum K_q p_0 q_0}{\sum p_0 q_0}=\frac{592}{538}=1.100\ 4 \text{ 或 } 110.04\%$$

计算结果表明三种商品的销售量综合增长了 10.04%，因销售量的增长而增加的销售额为 54 万元（592－538＝54）。

2. **加权调和平均指数**

加权调和平均指数，是以个体指数为变量值，以一定时期的总值指标为权数，对个体指数加权调和平均计算出的总指数。它一般适用于质量指标综合指数的变形情况。其计算公式如下：

$$\overline{K}_p=\frac{\sum p_1 q_1}{\sum \frac{1}{K_p} p_1 q_1}$$

式中：$\overline{K}_p$ 为质量指标总指数；K_p 为个体质量指标指数；$p_1 q_1$ 为报告期的总值指标，是权数。

【例 6-3】某商场有关资料如表 6-4 所示。

表 6-4 价格及报告期销售额资料表

商品	计量单位	单位售价			报告期销售总额（万元）p_1q_1	报告期销售总额除以个体指数$\frac{p_1q_1}{K_p}$
		基期 p_0	报告期 p_1	个体指数（%）K_p		
甲	件	10.0	10.5	105	4 200	4 000
乙	个	5.0	4.5	90	3 600	4 000
合计	—	—	—	—	7 800	8 000

试计算两种商品的销售价格总指数。

根据表 6-4 的资料，两种商品的销售价格总指数为：

$$\overline{K}_p=\frac{\sum p_1q_1}{\sum \frac{1}{K_p}p_1q_1}=\frac{7\ 800}{8\ 000}=0.975 \text{ 或 } 97.5\%$$

计算结果表明两种商品的销售价格报告期比基期下跌了 2.5%，由于销售价格的下降而使销售额减少了 200 万元（7 800－8 000＝－200）。

四、平均指标指数

（一）平均指标指数的概念

平均指标是反映社会经济总体内各总体单位某一数量标志值一般水平的指标。反映平均指标报告期与基期变动程度的指数叫平均指标指数。

平均指标受两个因素的影响：一个是总体各组变量值（X），另一个是总体各个组的总体单位数占总体单位总量的比重，即总体的结构（$\frac{f}{\sum f}$）。因此平均指标指数有三个相互联系的指数，即可变构成指数、结构影响指数和固定构成指数。

（二）平均指标指数的计算

1. 可变构成指数

反映某总体总平均指标变动方向和程度的指数叫可变构成指数，其计算公式如下：

$$\overline{K}_{可变}=\frac{\overline{X}_1}{\overline{X}_0}=\frac{\sum X_1f_1}{\sum f_1}:\frac{\sum X_0f_0}{\sum f_0}$$

或 $$\overline{K}_{可变}=\left[\sum X_1\cdot\frac{f_1}{\sum f_1}\right]:\left[\sum X_0\cdot\frac{f_0}{\sum f_0}\right]$$

2. 结构影响指数

反映总体结构变动对总平均指标变动影响的指数叫结构影响指数。与编制综合指数的原理相似，要单纯反映总体结构变动对总平均指标变动的影响，就需要将各组变量值固定在某一时期。编制结构影响指数的一般原则是将各组的变量值固定在基期，计算出平均指标后再对比。其计算公式为：

$$\overline{K}_{结构}=\frac{\overline{X}_n}{\overline{X}_0}=\frac{\sum X_0f_1}{\sum f_1}:\frac{\sum X_0f_0}{\sum f_0}$$

或 $\overline{K}_{结构}=\left[\sum X_0 \cdot \frac{f_1}{\sum f_1}\right] : \left[\sum X_0 \cdot \frac{f_0}{\sum f_0}\right]$

3. **固定构成指数**

反映各组变量值变动对总平均指标变动影响方向和程度的指数叫固定构成指数。

为了单纯反映各组变量值变动对总平均指标变动的影响，就要将总体结构（即各组总体单位数所占比重）固定在某一时期。

编制固定构成指数的一般原则是：将总体结构固定在报告期计算出平均指标后再将其对比。其计算公式为：

$$\overline{K}_{固定}=\frac{\overline{X}_1}{\overline{X}_n}=\frac{\sum x_1 f_1}{\sum f_1} : \frac{\sum x_0 f_1}{\sum f_1}$$

或
$$\overline{K}_{固定}=\left[\sum x_1 \frac{f_1}{\sum f_1}\right] : \left[\sum x_0 \frac{f_1}{\sum f_1}\right]$$

【例 6-4】某企业职工的工资及职工人数资料如表 6-4 所示。要求计算可变构成指数、结构影响指数和固定构成指数。

表 6-4　某企业职工工资及人数资料

	工人人数		月平均工资（元）		工资总额（元）		
	f_0	f_1	x_0	x_1	$x_0 f_0$	$x_1 f_1$	$x_0 f_1$
技术工	245	250	580	620	142 100	155 000	145 000
辅助工	120	800	400	420	48 000	336 000	320 000
合计	365	1 050	—	—	190 100	491 000	465 000

根据上表资料计算如下：

1. **计算平均指标**

(1) $\overline{X}_0=\frac{\sum x_0 f_0}{\sum f_0}=\frac{190\ 100}{365}=520.8$(元)

(2) $\overline{X}_1=\frac{\sum x_1 f_1}{\sum f_1}=\frac{491\ 000}{1\ 050}=467.62$(元)

(3) $\overline{X}_A=\frac{\sum x_0 f_1}{\sum f_1}=\frac{465\ 000}{1\ 050}=442.86$(元)

2. **计算平均指标指数**

(1) $\overline{K}_{可变}=\frac{\overline{X}_1}{\overline{X}_0}=\frac{467.62}{520.82}\times 100\%=89.79\%$

(2) $\overline{K}_{结构}=\frac{\overline{X}_n}{\overline{X}_0}=\frac{442.86}{520.82}\times 100\%=85.03\%$

(3) $\overline{K}_{固定}=\frac{\overline{X}_1}{\overline{X}_n}=\frac{467.62}{442.86}\times 100\%=105.59\%$

五、指数体系及因素分析

(一) 指数体系

1. 指数体系的概念

指数体系是经济上具有一定联系，数量上具有对等关系的三个或三个以上的指数所构成的一个整体。

指数体系的形成是由现象之间客观存在的必然联系决定的。一种现象的变化，常常是构成这种现象的各个因素变化的结果。例如，一个企业工资总额支出的增加，可能是由于人数增加的结果，也可能是由于平均工资提高的结果，也可能是两个因素共同作用的结果。这种现象和构成因素之间的关系，在数量上一般表现为乘积的关系。例如：

商品销售额=商品销售量×商品销售价格

生产总成本=产品产量×单位产品成本

生产总产值=产品产量×产品价格

上述的这种静态联系，在动态上，即按指数形式表现时，同样存在这种对等的乘积关系。即：

商品销售额指数=商品销售量指数×商品销售价格指数

生产总成本指数=产品产量指数×单位产品成本指数

生产总产值指数=产品产量指数×产品价格指数

上述指数体系，按编制综合指数的一般原理，以符号用公式可表示为：

$$\frac{\sum q_1 p_1}{\sum q_0 p_0}=\frac{\sum q_1 p_0}{\sum q_0 p_0}\times\frac{\sum q_1 p_1}{\sum q_1 p_0}$$

$$\sum q_1 p_1-\sum q_0 p_0=(\sum q_1 p_0-\sum q_0 p_0)+(\sum q_1 p_1-\sum q_1 p_0)$$

等号左边的指数称为总变动指数，等号右边的指数称为因素指数，它们之间的联系表现为：总变动指数等于因素指数的乘积，总变动的绝对差额等于各因素变动绝对差额的总和。

指数体系一般具有三个特征：①具备三个或三个以上的指数；②体系中的指数存在数量上的对等关系，同一体系中的单个指数在数量上能相互推算；③现象总变动差额等于各个因素变动差额之和。

2. 指数体系的作用

(1) 利用指数体系可进行因素分析，即利用指数体系可以分析复杂经济现象总变动中各因素变动的影响方向和程度。

(2) 利用指数体系可进行指数间的相互推算，如已知销售额指数和销售量指数，可推算出价格指数，已知销售量指数和价格指数可推算出销售额指数。

（二）指数因素分析的方法

1. 总量指标的因素分析

【例 6-5】根据表 6-5 所列资料，分析商品销售量与销售价格对销售额变动的影响。

根据资料计算分析如下：

建立指数体系：

商品销售额指数＝销售量指数×销售价格指数

即：

$$\frac{\sum q_1 p_1}{\sum q_0 p_0}=\frac{\sum q_1 p_0}{\sum q_0 p_0}\times\frac{\sum q_1 p_1}{\sum q_1 p_0}$$

$$\sum q_1 p_1-\sum q_0 p_0=(\sum q_1 p_0-\sum q_0 p_0)+(\sum q_1 p_1-\sum q_1 p_0)$$

表 6-5

商品品名	计量单位	销量		价格（元）		商品销售额（万元）		
		基期	报告期	基期	报告期	基期	假定	报告期
		q_0	q_1	p_0	p_1	$q_0 p_0$	$q_1 p_0$	$q_1 p_1$
甲	匹	1 000	1 150	100	100	10	11.5	11.5
乙	千克	2 000	2 200	50	55	10	11.0	12.1
丙	件	3 000	3 150	20	25	6	6.3	7.875
合计	—	—	—	—	—	26	28.8	31.475

（1）确定分析对象（销售总额变动）：

销售额指数：$\overline{K}_{qp}=\frac{\sum q_1 p_1}{\sum q_0 p_0}=\frac{31.475}{26}\times 100\%=121.06\%$

增加的销售额：$\sum q_1 p_1-\sum q_0 p_0=31.475-26=5.475$(万元)

（2）进行因素分析：

①销售量指数：$\overline{K}_q=\frac{\sum q_1 p_0}{\sum q_0 p_0}=\frac{28.8}{26}\times 100\%=110.77\%$

由于销售量变动而增加的销售额：

$$\sum q_1 p_0-\sum q_0 p_0=28.8-26=2.8(\text{万元})$$

②销售价格指数：$\overline{K}_p=\frac{\sum q_1 p_1}{\sum q_1 p_0}=\frac{31.475}{28.8}\times 100\%=109.29\%$

由于价格变动而增加的销售额：

$$\sum q_1 p_1-\sum q_1 p_0=31.475-28.8=2.675(\text{万元})$$

（3）它们之间的关系：

相对数：121.06%＝110.77%×109.29%

绝对数：5.475 万元＝2.8 万元＋2.675 万元

（4）分析：由以上计算可知，这三种商品的销售额报告期比基期增长 21.06%，增加 5.475 万元，这是由于销售量增长 10.77%，使它增加 2.8 万元，由于价格上涨 9.29%，使它增加 2.675 万元，两因素共同作用的结果。

2. **平均指标的因素分析**

平均指标的变动受两个因素的影响，即受各组变量值及总体结构变动的影响。平均指标变动的因素分析利用以下指数体系进行分析：

可变构成指数＝结构影响指数×固定构成指数

令：

$$\overline{X}_0=\frac{\sum x_0 f_0}{\sum f_0},\ \overline{X}_1=\frac{\sum x_1 f_1}{\sum f_1},\ \overline{X}_n=\frac{\sum x_0 f_1}{\sum f_1}$$

则以上平均指标指数体系可表示为：

$$\frac{\overline{X}_1}{\overline{X}_0}=\frac{\overline{X}_n}{\overline{X}_0}\times\frac{\overline{X}_1}{\overline{X}_n}$$

$$\overline{X}_1-\overline{X}_0=(\overline{X}_n-\overline{X}_0)+(\overline{X}_1-\overline{X}_n)$$

【例 6-6】某企业职工人数及工资水平资料如表 6-6 所示。试分析职工人数结构及各组平均工资变动对企业总平均工资变动的影响。

表 6-6　职工人数及工资水平资料

工人组别	工人人数（万人）		月平均工资（元）		工资总额（元）		
	基期	报告期	基期	报告期	基期	报告期	假定
	f_0	F_1	X_0	x_1	$x_0 f_0$	$x_1 f_1$	$x_0 f_1$
熟练工	0.6	0.63	800	850	480	535.5	504
学徒工	0.4	0.87	400	450	160	391.5	348
合计	1	1.5	640	618	640	927	852

（1）根据上表资料计算总平均工资：

① $\overline{X}_0=\frac{\sum X_0 f_0}{\sum f_0}=\frac{640}{1}=640(\text{元/人})$

② $\overline{X}_1=\frac{\sum X_1 f_1}{\sum f_1}=\frac{927}{1.5}=618(\text{元/人})$

③ $\overline{X}_n=\frac{\sum X_0 f_1}{\sum f_1}=\frac{852}{1.5}=568(\text{元/人})$

（2）计算平均工资可变构成指数：

$$K_{\text{可变}}=\frac{\overline{X}_1}{\overline{X}_0}=\frac{618}{640}\times 100\%=96.56\%$$

平均工资减少额：

$$\overline{X}_1-\overline{X}_0=618-640=-22(\text{元}/\text{人})$$

（3）计算平均工资结构影响指数：

$$\overline{K}_{\text{结构}}=\frac{\overline{X}_n}{\overline{X}_0}=\frac{568}{640}\times100\%=88.75\%$$

由于各组工人人数所占比重的变动而减少的平均工资：

$$\overline{X}_n-\overline{X}_0=568-640=-72(\text{元}/\text{人})$$

（4）计算平均工资固定构成指数：

$$\overline{K}_{\text{固定}}=\frac{\overline{X}_1}{\overline{X}_n}=\frac{618}{568}\times100\%=108.80\%$$

由于各组平均工资变动而增加的总平均工资：

$$\overline{X}_1-\overline{X}_n=618-568=50(\text{元})$$

（5）数量联系：

$$96.56\%=88.75\%\times108.80\%$$

$$-22\text{元}/\text{人}=(-72\text{元}/\text{人})+(50\text{元}/\text{人})$$

由以上计算结果可知，该企业总平均工资报告期比基期下降了3.44%，减少22元。这是由于各组工人所占比重的变动而使总平均工资下降11.25%，减少72元，和由于各组工人工资水平提高而使总平均提高8.8%，增加50元两个因素共同作用的结果。

（三）利用指数体系进行指数推算

【例6-7】某企业商品报告期与基期相比，商品销售额增长了20%，商品销售量增长了10%，问商品销售价格上涨了百分之几？

根据现象之间的经济联系，运用以下指数体系进行推算：

销售额指数=销售量指数×销售价格指数

$$\text{销售价格指数}=\frac{\text{销售额指数}}{\text{销售量指数}}=\frac{20\%+100\%}{10\%+100\%}=109.09\%$$

即价格上涨9.09%（109.09−100%=9.09%）。

【例6-8】某企业报告期与基期相比，生产成本总额提高了5%，产品产量提高了10%，问产品单位成本变动如何？

根据如下指数体系进行推算：

总生产成本指数=产品产量指数×单位成本指数

$$\text{单位成本指数}=\frac{\text{总生产成本指数}}{\text{产品产量指数}}=\frac{5\%+100\%}{10\%+100\%}=95.5\%$$

即单位产品成本下降了4.5%（95.5%−100%=−4.5%）。

【复习与思考】

1. 狭义的统计指数是什么？
2. 统计指数有哪些作用？
3. 个体指数和总指数有何区别？

4. 综合指数有哪些特点？

5. 编制数量指标综合指数一般以什么指标作为同度量因素？同度量因素固定在什么时期？

6. 编制质量指标综合指数一般以什么指标作为同度量因素？同度量因素固定在什么时期？

7. 平均指数和综合指数有何区别和联系？

8. 总指数有哪两种计算形式？

9. 什么是指数体系？

10. 什么是指数因素分析法？

【练习题】

1. 某商店销量额增长2.9%，价格下降2%，问销售量指数为多少？

2. 某企业2015年比2014年产量增长15%，产品成本下降4%，2014年企业支付的总成本为50万元，问2015年总成本比2014年要多支付多少万元？

3. 某商业部门商品价格和销售量的资料如下：

商品名称	计量单位	商品价格（元）		商品销售量	
		2014年	2015年	2014年	2015年
手套	双	22.0	19.8	120	120
玩具	只	11.0	11.0	200	240
日记本	本	4	3.8	110	132

要求：

(1) 计算三种商品的销售额总指数；

(2) 计算三种商品物价总指数；

(3) 计算三种商品销售量总指数；

(4) 分析三种指数间的经济联系（从绝对数和相对数进行分析）。

4. 已知某商业部门有关资料如下：

规格名称	计量单位	商品销售额（万元）		报告期价格比基期降低的%
		2014年	2015年	
甲	双	400	450	10
乙	千克	1 400	1 440	4
丙	件	225	392	2
丁	只	100	98	2

要求：

(1) 用调和平均数指数法计算物价总指数；

(2) 计算商品销售量总指数；

(3) 计算由于物价降低，居民节约的金额；

(4) 计算销售量变动对销售额绝对值的影响。

5. 某企业三种产品产值和产量资料如下：

产品	单位	产值（万元）		个体产量指数
		基期	报告期	
甲	台	360	332.5	0.95
乙	件	226	288.0	1.20
丙	吨	207	207.9	1.05

要求：

(1) 用平均数法计算产量总指数；

(2) 计算产值总指数；

(3) 计算价格总指数。

6. 某贸易市场报告期比基期商品价格总的下降了2.5%，商品成交额增长了7%。要求计算商品成交量的增长程度。

7. 某企业各组工人数和产量的资料如下：

工人分组	工人数（人）		平均每人产量（件）	
	基期	报告期	基期	报告期
老年工人	100	120	100	100
中年工人	300	400	70	75
青年工人	100	200	40	42

要求：

(1) 计算平均每人产量可变构成指数；

(2) 计算平均每人产量固定构成指数；

(3) 计算工人结构变动影响指数；

(4) 从相对数和绝对数来说明平均每人产量变动关系。

8. 某工业局所属三个工厂生产某种产品，2015年产品生产费用为12.9万元。比2014年多0.9万元，单位产品成本比2014年降低3%。

试确定：

(1) 生产费用指数；

(2) 产品产量指数；

(3) 由于成本降低而节约生产费用绝对额。

【实训项目】

某企业职工人数和工资情况如下表所示。

某企业职工人数和工资情况

工人类型	职工人数（人）		平均工资（万元）	
	2014 年	2015 年	2014 年	2015 年
技术工人	300	500	4	5
普通工人	500	1 200	3	3.5

要求：

1. 该企业工人工资总额的变动及其因素的影响。
2. 该企业工人总平均工资的变动及其因素的影响。
3. 分析 2015 年该企业工人工资的动态分析报告。

任务七

抽样推断分析

【任务目标】

知识目标：

1. 了解统计抽样推断的基本理论知识。
2. 理解抽样推断的基本概念及概念间的相互关系。
3. 掌握抽样误差的概念、影响因素及计算方法。
4. 熟练运用区间估计的计算方法。

能力目标：

1. 熟练掌握统计抽样误差的计算方法。
2. 根据有关资料熟练运用区间估计的计算方法。

【案例导入】

美国《文学文摘》杂志破产

1936 年美国总统选举有两位候选人，民主党的罗斯福和共和党的兰登。《文学文摘》杂志预言兰登会以 57%∶43%的优势战胜罗斯福。最后的结果：罗斯福以 62%∶38%的压倒优势当选。由于这个重大失误，这家杂志不久即宣告破产。

《文学文摘》做出这个预测，并非主观臆断，而是根据对 240 万人的民意测验做出的。

为何《文学文摘》杂志做了这么大规模的调查，却没有取得满意的结果呢？问题出在样本的挑选上。该刊从电话号码簿和俱乐部会员名册上挑选了足够多的访问对象，而没有在全国范围内用随机的方法挑选访问对象。但在 1936 年，美国家庭装电话机只有 1 100万部左右，因此有家用电话者，尤其是有条件参加某种俱乐部的人，大多是经济上较富有、政治上保守而倾向共和党的选民，这就造成显著的系统性偏差。就是说，较贫穷的阶层，包括当时多达 900 万的失业者，在样本中缺少其应有的代表性。当时正值 1929—1933 年经济大萧条过去不久，较贫困的阶层人数不少，与兰登相比，罗斯福推行的新政较多地考虑了这些人的利益，这解释了《文学文摘》杂志的预测为何产生如此大的偏差。除此以外，它还犯了一个错误：该刊起初拟访问对象为1 000万人，相信在这个庞大的样本中，美国社会各阶层的代表性会好些。但这1 000万人中只有240万人寄回了问题单。较富有的人，对当时现实抱比较满意态度，文化水平较高的人做出回答的可能性要大些，这一倾向也有利于共和党。这是另一个系统性偏差，它加重了原来在挑选样本时已存在的系统性偏差。

资料来源：http：//gsgz. cersp. com/article/browse/318237. jspx

【理论指导】

一、抽样推断的概述

（一）抽样推断的概念与特点

抽样推断又称抽样调查或抽样估计，它是指按随机原则从全部研究对象中抽取一部分单位进行观察，并根据这部分单位的资料对总体的数量特征作出具有一定可靠性的估计推断，从而达到对全部研究对象的认识的一种统计方法。

抽样推断具有下列几个主要特点：

1. 按照随机原则从全部总体中抽选样本单位

即在抽选单位时，排除了人们的主观意识，使每一个单位都有同等被抽中的机会。这一特点是抽样调查区别于其他专门调查的一个重要特征，并能体现被抽中的单位在总体中具有较好的代表性。

2. 根据部分实际资料对全部总体的数量特征作出估计

即对被抽中的那一部分单位进行观察，计算出所需的样本指标，并据此推算总体相应的综合指标。这就可以花费较少的人力、物力和财力，在短期内取得可靠的资料，充分显示出抽样调查的优越性。

3. 抽样推断的抽样误差可以事先计算并加以控制

利用概率论理论，可以在一定概率保证下推断总体指标的可靠性和以一定误差范围表述总体指标的正确性，并可利用抽样平均误差事先加以计算和控制，这为广泛应用抽样推断法开辟了广阔的应用领域。

（二）抽样推断的作用

抽样推断的特点决定了它在实际工作中具有广泛的适用性。一般来说，抽样推断主要有如下作用：

1. 对某些不可能进行全面调查，而又要了解其全面情况的社会经济现象，必须应用抽样推断法

有些社会经济现象在进行调查的过程中，就是对该事物破坏的过程。例如，对炮弹射程和杀伤力的检验、对灯管寿命的检验等，都具有破坏性，不能为了鉴定产品质量而去毁掉所有的产品，在这种情况下，就只有采用抽样的方法，以样本资料对总体的状况作出推断。

2. 对某些社会经济现象虽然可以进行全面调查，但是抽样调查仍具有独特的作用

抽样调查可以节省人力、物力和费用，提高调查的经济效果。例如，要进行职工家庭生活状况的调查，从理论上讲可以进行全面调查，但是，由于调查的范围太广、单位太多，实际执行全面调查不太可能，而采用抽样调查却能节省人力、物力和费用，达到事半功倍的效果。况且，由于全面调查的单位数比较多，一般调查的内容比较少；而抽样调查由于调查的单位较少，调查队伍又经过专门训练，可以增加调查项目，取得比较详细的资料，并且提高资料的准确性。

3. 抽样调查和全面调查同时进行，可以发挥相互补充和相互检查调查质量的作用

全面调查由于范围广、工作量大、参加的人员多，发生登记性和计算性误差的机会就多。在全面调查以后，随机抽取一部分单位重新再调查一次，然后将这些单位两次调查的资料进行对照、比较，计算其差错比率，并以此为依据，对全面的资料加以修正。这样，就可以进一步提高全面调查资料的准确性。

4. 抽样推断可以用于工业生产过程的质量控制

抽样推断不仅广泛地用于生产成果的核算和估计，而且也有效地应用于对成批或大量连续生产的工业产品在生产过程中进行质量控制，检查生产过程是否正常，及时提供有关信息，便于采取措施，预防废品的产生。

5. 利用抽样推断的原理，可以对总体的假设进行检验，来判断这种假设的真伪，以决定行动的取舍

例如，企业中新工艺和新技术的采用，是否收到明显的效果，需要对未知的或不完全知道的总体作出一些假设；然后，再利用抽样的方法，根据实际资料对所作出的假设进行检验，作出判断。

（三）抽样推断中的几个基本概念

为了掌握抽样调查推断的方法，首先要明确抽样推断过程中常用的几个基本概念。

1. 全及总体和抽样总体

（1）全及总体。全及总体简称总体或母体，它是指所要调查研究对象的全体。全及总体的单位数用字母 N 表示。如研究某学校 5 000 名学生的学习情况，则该校的 5 000 名学生即构成全及总体。全及总体是样本所赖以抽取的母体。对于某一具体问题来说，全及总体是唯一确定的。

（2）抽样总体。抽样总体简称样本或子样，它是指在全及总体中按随机原则抽取的那部分单位所构成的集合体。例如，从全校 5 000 名学生中抽取 100 人进行健康状况调查，这 100 人即构成一个抽样总体。抽样总体的单位数称为样本容量，通常用字母 n 表示。一般来说，样本容量 n 远小于总体单位数 N。在抽样中 $n \geqslant 30$ 的样本称为大样本，$n < 30$ 的样本属于小样本。样本总体不是唯一确定的，因为从全及总体 N 中抽取容量为 n 的样本（当 $n \leqslant N$ 时）有多种组合。

2. 总体指标和样本指标

（1）总体指标。总体指标也称为母体指标或全及总体指标，它是根据全及总体各单位的标志值或标志特征计算的，反映总体某种属性的综合指标。由于全及总体是唯一确定的，根据全及总体计算的全及总体指标也是唯一确定的。如上例 5 000 名学生的平均成绩和及格率，都是总体指标。常用的总体指标有全及总体的平均数、成数、方差和标准差，分别用符号 $\overline{X}$，P，σ^2 和 σ 表示。

（2）样本指标。样本指标也称样本统计量或抽样指标，它是根据抽样总体各单位的标志值或标志特征计算的综合指标。由于可以从一个全及总体中抽取许多个不同的样本，不同的样本其分布结构也会有差异，抽样指标的数值也就不同，所以抽样指标的数值不是唯一确定的。实际上，抽样指标是样本变量的函数，它本身也是随机变量。例如，根据从全校 10 000 名学生中抽取出来的 100 名学生的调查资料计算得到的健康指标，就是一个样本指标。常用的样本指标有样本总体的平均数、成数、方差和标准差，分别用符号 $\overline{x}$，p，s^2 和 s 表示。

总体目标：

$$\overline{X}=\frac{\sum_{i=1}^{n}X_iF_i}{\sum_{i=1}^{n}F_i}\text{或}=\sum_{i=1}^{n}X_i\frac{F_i}{\sum_{i=1}^{n}F_i}$$

$$\sigma=\sqrt{\frac{\sum_{i=1}^{n}(X_i-\overline{X})^2F}{\sum_{i=1}^{n}F}}$$

$$\overline{X}_P=P=\frac{N_1}{N}$$

$$\sigma_P=\sqrt{P\times(1-P)}$$

样本目标：

$$\overline{x}=\frac{\sum_{i=1}^{n}x_if_i}{\sum f_i}\text{或}=\sum_{i=1}^{n}x_i\frac{f_i}{\sum_{i=1}^{n}f_i}$$

$$s=\sqrt{\frac{\sum_{i=1}^{n}(x_i-\overline{x})^2f_i}{\sum_{i=1}^{n}f_i}}$$

$$\overline{x}_p=p=\frac{n_1}{n}$$

$$s_p=\sqrt{p(1-p)}$$

3. 重复抽样和不重复抽样

（1）重复（置）抽样，即从全及总体中，每次抽取一个总体单位进行调查，经登记后再把它放回总体中参加下一次的抽取，直到抽取 n 个总体单位。这种方法每一次抽样时总体都保持相同的单位数目（N），每一个总体单位被抽中的概率都相等（均为$1/N$），每一个总体单位也有可能再次被抽中，这样组成的样本总体单位会出现重复。

（2）不重复（置）抽样，即从全及总体中，每次抽取一个总体单位进行调查，经登记后不再把它放回总体中参加下一次的抽取，依此抽选直到抽取 n 个总体单位。这种方法每一次抽样时总体的单位数目都会比上一次少一个，样本的总体单位也不会出现重复，每一个总体单位的中选概率均不相同。

例如，从甲、乙、丙、丁 4 个人中随机抽取 2 个人，则 $N=4$，$n=2$。

如果按重复抽样的方法抽选样本，可能的配合样本有：

甲甲	[乙甲]	[丙甲]	[丁甲]
甲乙	乙乙	[丙乙]	[丁乙]
甲丙	乙丙	丙丙	[丁丙]
甲丁	乙丁	丙丁	丁丁

即考虑顺序的重复抽样有 16（$N^n=4^2=16$）种配合情况的可能样本；不考虑顺序的重复抽样可能组成的样本个数不应包括划框的样本配合，共有 C_{N+n-1}^n 种可能样本，本例为 $C_{4+2-1}^2=C_5^2=\frac{5\times4}{2\times1}=10$ 种。

如果按不重复抽样的方法抽样选样本，可能的配合样本有：

甲乙	[乙甲]	[丙甲]	[丁甲]
甲丙	乙丙	[丙乙]	[丁乙]
甲丁	乙丁	丙丁	[丁丙]

即考虑顺序的不重复抽样有 12 种，不考虑顺序的不重复抽样有 6 种配合样本。前者可能样本个数为 $\frac{N!}{(N-n)!}=\frac{4!}{(4-2)!}=12$，后者的可能样本个数为：

$$C_N^n=\frac{N!}{n!\,(N-n)!}=\frac{4!}{2!\times(4-2)!}=6。$$

可见，重复抽样与不重复抽样除了每一个总体的中选概率有差别之外，可能组成的样本数目也是不同的。在实际中，一般采用考虑顺序的重复抽样法和不考虑顺序的不重复抽样法抽取样本。

（四）抽样组织方式

根据随机抽样的原则，结合具体研究对象的性质以及调查工作的目的和条件，在统计工作实践中主要采用四种抽样调查组织方式，即简单随机抽样、类型抽样、等距抽样和整群抽样。

1. 简单随机抽样

简单随机抽样也叫纯随机抽样，它对总体单位不作任何分类排队，而是直接从总体中随机抽取一部分单位来组成样本的抽样组织方式。抽样的原理是以纯随机抽样为基础阐述的，它是最简单又最基本的抽样组织方式，是设计其他复杂抽样组织方式的基础。适用于总体各单位之间差异程度较小且单位数较少的情况。

采用简单随机抽样方式抽取样本，先要将总体各个单位进行编码，然后按随机原则抽取若干数码，所有中选数码所对应的单位即构成样本。具体做法有：

（1）抽签法。给总体各单位编号后，把号码写在结构均匀的签上，将签混合均匀后即可从中抽取。采用这种方法简便易行，然而对较大的总体来说，编号作签工作量很大，且混匀有困难，因此，这种方法的应用有一定局限性。

（2）随机数字法。随机数字可以借助于计算机获得，也可应用随机数表，其中随机数表方法应用较为普遍。表中数字是按照完全随机的方法产生的，从 0—9 中任何一个（或组）数字出现的概率与其他（或组）数字出现的概率完全相同。随机数表的使用要遵守随机原则。首先，给总体编号，根据编号的最大位数确定将要使用随机数表的位数，然后从表中任意一列、任意一行开始，由纵向或横向划线取数，遇到属于总体单位编号范围内的数组就确定为样本单位，然后继续往下找。如果要求不重复抽样时，遇到重复出现的数字（或组）就弃之，直到取足要求的单位数为止。表 7-1 是多种随机数表中的一种。

例如，有一个 80 个单位构成的总体，现在要从中抽取 8 个单位。首先将总体各单位从 1 至 80 编号，故最高位是两位数，然后随机确定行、列开始取数，假定从第二行第四列的数字 67 开始取样，沿列抽取，于是有 67，27，35，53，78，34，32，64 这 8 个数字所对应的单位即构成所需的样本。

表 7-1　随机数字表（部分）

03	47	43	73	86	36	96	47	36	61
97	74	24	67	62	42	81	14	57	20
16	76	62	27	66	56	50	26	71	07
12	56	85	99	26	96	96	68	27	31
55	59	56	35	64	38	54	82	46	22
16	22	77	94	39	49	54	43	54	82
84	42	17	53	31	57	24	55	06	88
63	01	63	78	59	16	95	55	67	19
33	21	12	34	29	78	64	56	07	82
57	60	86	32	44	09	47	27	96	54
18	18	07	92	45	44	17	16	58	59
26	62	38	97	75	84	16	07	44	99
23	42	40	64	74	82	97	77	77	81
52	36	28	19	95	50	92	26	11	97
37	85	94	35	12	83	39	50	08	30

2. 类型抽样

类型抽样又称分类抽样或分层抽样，它是先将总体按某个主要标志进行分组（或分类），再按随机原则从各组中抽取样本单位的一种抽样方式。类型抽样通过分组，把总体中标志值比较接近的单位归为一组，使各单位的分布比较均匀，并且保证每组有同等被抽选的机会，从而使样本的结构趋近于总体的结构，提高所选样本的代表性，可以取得良好的抽样效果。

3. **等距抽样**

等距抽样也称机械抽样或系统抽样，它是将总体各单位按某一标志顺序排列，然后按固定顺序和相等距离或间隔抽取样本单位的抽样组织方式。作为总体各单位顺序排列的标志，可以是无关标志，也可以是有关标志。所谓无关标志，是指排列的标志与单位标志值的大小无关或不起主要影响作用，如时间、地理位置、门牌号码、姓氏比划标志等。在对总体各单位的变异情况有所了解的情况下，也可以采用有关标志进行总体单位排队。所谓有关标志，是指作为排队顺序的标志与单位标志值的大小有密切关系。例如，职工生活水平调查按职工平均工资排队，抽取调查企业或调查用户。

4. **整群抽样**

整群抽样也称集团抽样、区域抽样或分群随机抽样，它是将总体各单位按时间或空间形式划分成许多群，然后按纯随机抽样或机械抽样方式从中抽取部分群，对中选群的所有单位进行全面调查的抽样组织方式。例如，从生产的 1 000 箱玻璃中抽 1%箱玻璃来检查其质量，一箱即为一群，抽 1%即抽 10 箱。

整群抽样的优点是易于组织且较节省调查费用，缺点是调查的总体单位过于集中在少数样本群中。因此，在条件相同的情况下，整群抽样的样本代表性较低，通常要用扩大样本群的数目来弥补这个缺点。

二、统计抽样误差

（一）抽样误差的概念

抽样误差是指调查所获得的统计数据与调查总体未知真实数据之间的差别，它包括登记性误差和代表性误差两种。登记性误差是在调查过程中由于主客观原因而引起的登记性差错所造成的误差。比如，由于测量、记录、计算所造成的差错，由于被调查者所报材料不实或调查者有意虚报、瞒报资料所造成的差错等。对于这类误差可以通过搞好调查的宣传组织工作，不断提高调查人员素质，广泛采用电子计算机技术等措施加以解决。代表性误差是用样本指标数值去推算总体指标数值时，由于样本各单位的结构情况不足以代表总体特征所产生的误差。这类误差又可分为两种：一种是由于没有遵守随机原则而造成的误差，通常称为系统性误差。例如，调查者有意挑选较好或较差的单位作样本。另一种误差是即使遵守了随机原则，也会由于被抽取的样本各种各样，导致样本内部各单位的分布比例结构与总体实际分布状况有偶然性的差异，从而使不同的随机样本得出不同的估计量，造成样本指标数值与总体指标数值之间产生差距。如抽样平均数与总体平均数的离差（$\bar{x}-\bar{X}$），抽样成数与总体成数的离差等（$p-P$）。这类误差通常称为抽样误差或随机误差。可见，只要遵循随机原则，系统性误差是可以消除的。但是，用样本估算总体，两者之间总是要出现差距的，所以抽样误差是抽样法本身所固有的误差，它不可避免，也无法消除，但是可以控制。

（二）影响抽样误差的主要因素

抽样误差的大小受以下几个因素的影响：

1. 样本单位数（样本容量 n）的多少

在其他条件不变的情况下，抽样单位数越多就越能反映总体，误差就越小。当抽样单位数接近总体单位数时，此时的抽样调查已接近于全面调查，抽样误差接近于零；反之，抽样单位数越少，误差越大。

2. 总体被研究标志变异程度（总体方差 σ^2）的大小

在其他条件不变的情况下，所研究总体的标志变异程度越小，说明总体各单位标志值之间的差异越小，这样抽样指标与总体指标之间的误差也越小。相反，若总体被研究标志变异程度大，则抽样指标与总体指标之间的误差也大。

3. 抽样组织方式

采取不同的抽样组织方式，所抽取的样本对于总体的代表性也不相同，因此抽样组织方式影响抽样误差的大小。在实践中，我们可以利用不同抽样组织方式下抽样误差的大小来判断不同方式的有效性。

4. 抽样方法

抽样方法有重复抽样和不重复抽样两种。在其他条件相同时，不重复抽样的抽样误差一般小于重复抽样的误差，这是因为不重复抽样避免了总体单位的重复中选，因而更能反映总体结构，故抽样误差会较小些。

（三）抽样平均误差

抽样误差是一个随机变量，它的数值随可能抽取样本的不同而变化，为了从总体上衡量样本代表性的高低，就需要计算抽样误差的一般水平。抽样平均误差就是反映抽样误差一般水平的一个指标，通常用抽样平均数或抽样成数的标准差来衡量，以反映抽样平均数或抽样成数与总体平均数或总体成数的平均误差程度。

1. 计算抽样平均误差的理论公式

根据抽样平均误差的概念可得其一般计算公式：

$$\mu_\theta = \sqrt{\frac{\sum(\text{样本指标} - \text{总体指标})^2}{\text{可能组成的样本总数}}}$$

即：

$$\mu_{\bar{X}} = \sqrt{\frac{\sum_{i=1}^{n}(\bar{x}_i - \bar{X})^2}{K}}$$

$$\mu_P = \sqrt{\frac{\sum_{i=1}^{n}(p_i - P)^2}{K}}$$

需要指出的是，在实际中是无法采用上述公式计算平均数和成数的抽样平均误差的。其原因是通常只抽取一个样本，并且 $\bar{X}$ 和 P 也都未知。

2. 抽样平均误差的计算方法

数理统计证明，在纯随机抽样方式下，抽样平均误差可以采用下面的公式计算：

(1) 平均数的抽样平均误差。

重复抽样条件下：$\mu_{\bar{X}}=\sqrt{\dfrac{\sigma^2}{n}}=\dfrac{\sigma}{\sqrt{n}}$

不重复抽样条件下：$\mu_{\bar{X}}=\sqrt{\dfrac{\sigma^2}{n}\left(\dfrac{N-n}{N-1}\right)}$

当 N 很大时，$\mu_{\bar{X}}=\sqrt{\dfrac{\sigma^2}{n}\left(1-\dfrac{n}{N}\right)}$

(2) 成数的抽样平均误差。

重复抽样条件下：$\mu_P=\sqrt{\dfrac{P(1-P)}{n}}$

不重复抽样条件下：$\mu_P=\sqrt{\dfrac{P(1-P)}{n}\left(\dfrac{N-n}{N-1}\right)}$

当 N 很大时，$\mu_P=\sqrt{\dfrac{P(1-P)}{n}\left(1-\dfrac{n}{N}\right)}$

应用上面公式计算抽样平均误差时要注意两点：

第一，上式中的标准差 σ 和成数 P 是全及总体的标准差和成数，而全及总体的指标通常是不知道的，一般用样本的标准差 s 和成数 p 来代替，得到近似值。

第二，上面不重复抽样公式，如果抽样单位数相对较少，而全及总体单位数相对很多，则 $\left(1-\dfrac{n}{N}\right)$ 这个系数接近于1，乘上这个系数后，对平均误差的影响不大。为简化起见，在实际工作中，对不重复抽样的情况也往往采用重复抽样公式计算抽样平均误差。

【例 7-1】某仪表厂生产某种型号的精密仪表，按正常生产经验，产品合格率为95%。今按简单随机抽样方式从800只仪表中抽取10%进行检验，求合格品比率的抽样平均误差。

从【例 7-1】中可知

$p=95\%$，$p(1-p)=95\%\times(1-95\%)=4.75\%$，$n=800\times10\%=80$

在重复条件下：

$$\mu_P=\sqrt{\frac{p(1-p)}{n}}=\sqrt{\frac{4.75\%}{80}}=2.44\%$$

在不重复条件下：

$$\mu_P=\sqrt{\frac{P(1-P)}{n}\left(1-\frac{n}{N}\right)}=\sqrt{\frac{4.75\%}{80}\times\left(1-\frac{80}{800}\right)}=2.31\%$$

【例 7-2】某大学有6 500名学生，采用不重复简单随机抽样方式从中抽取10%的学生，调查其每月生活费用支出情况。抽样结果显示，学生平均每人每月生活费支出350元，标准差80元，生活费用支出在500元以上的学生占全部学生的30%。试求抽样平均误差。

从【例 7-2】中可知：

$N=6\,500$，$n=6\,500\times10\%=650$，$\bar{x}=350$，$s=80$，$p=30\%$

$$\mu_{\bar{X}}=\sqrt{\frac{s^2}{n}\left(1-\frac{n}{N}\right)}=\sqrt{\frac{80^2}{650}\times\left(1-\frac{650}{6\ 500}\right)}=2.98\text{（元）}$$

$$\mu_P=\sqrt{\frac{p(1-p)}{n}\left(1-\frac{n}{N}\right)}=\sqrt{\frac{30\%\times(1-30\%)}{650}\times\left(1-\frac{650}{6\ 500}\right)}=1.89\%$$

（四）抽样极限误差

由于总体指标是一个未知的确定量，而样本指标是一个随机变量，随不同的样本组合而发生变化，但它总是在总体指标的左右两侧变动，从而产生正离差、负离差。抽样极限误差就是指变动的样本指标与确定的总体指标之间离差的可能范围。它是根据概率理论，以一定的可靠程度保证抽样误差不超过某一给定的范围，统计上把这个给定的抽样误差范围称作抽样极限误差。这个误差范围往往是实际调查中人们根据研究对象的差异程度和分析任务的需要而确定的最大误差范围，因此，抽样极限误差习惯上又称作允许误差。

设 $\Delta_{\bar{x}}$ 和 Δ_p 分别表示抽样平均数极限误差和抽样成数极限误差，则有

$$\Delta_x=|\bar{x}-\bar{X}|,\ \Delta_p=|p-P|$$

也可将上面的等式进行变换，得到如下不等式：

$$\bar{X}-\Delta_{\bar{x}}\leqslant\bar{x}\leqslant\bar{X}+\Delta_{\bar{x}}$$

$$P-\Delta_p\leqslant p\leqslant P+\Delta_p$$

上式表明，抽样平均数 $\bar{x}$ 是以总体平均数 $\bar{X}$ 为中心，在 $\bar{X}\pm\Delta_{\bar{x}}$ 之间变动。区间 $[\bar{x}-\Delta_{\bar{x}},\ \bar{x}+\Delta_{\bar{x}}]$ 叫做被估计总体平均指标的置信区间，区间总长度为 $2\Delta_{\bar{x}}$。在这个区间内的抽样平均数与总体平均数的绝对离差不超过 $\Delta_{\bar{x}}$。同样，抽样成数 p 是以总体成数 P 为中心，在 $P\pm\Delta_{\bar{p}}$ 之间变动。区间 $[p-\Delta_p,\ p+\Delta_p]$ 叫做被估计总体成数指标的置信区间，区间总长度为 $2\Delta_{\bar{p}}$。在这个区间内的抽样成数与总体成数的绝对离差不超过 $\Delta_{\bar{p}}$。

由于总体成数和总体平均数是未知的，只能依靠实测的抽样平均数和抽样成数来估计，抽样极限误差的实际意义是希望总体平均数 $\bar{X}$ 落在抽样平均数 $\bar{x}\pm\Delta_{\bar{x}}$ 的范围内，总体成数 P 落在抽样成数 $p\pm\Delta_{\bar{p}}$ 范围内。于是，有总体指标 $\bar{X}$、P 的区间估计为：

$$\bar{x}-\Delta_{\bar{x}}\leqslant\bar{X}\leqslant\bar{x}+\Delta_{\bar{x}}$$

$$p-\Delta_p\leqslant P\leqslant p+\Delta_p$$

那么抽样极限误差应该如何计算？由以上可知，在一个总体中，如果抽样方式和样本容量确定以后，不论抽到的是哪一个样本，它们的抽样平均误差 $\mu_{\bar{x}}$ 和 μ_p 是唯一确定的值。所以抽样平均误差也就可以作为衡量样本指标与总体指标误差范围的尺度来使用，并可将抽样极限误差用一定倍数的抽样平均误差来计算，即：

$$\Delta_{\bar{x}}=t\mu_{\bar{x}}$$

$$\Delta_p=t\mu_p$$

上述公式表明，抽样极限误差是抽样平均误差的 t 倍。抽样平均误差是我们根据样本资料计算出来的一个定值。因此，增大或减小 t 值，抽样极限误差也随之扩大或缩小。那么 t 值又根据什么来确定呢？

（五）抽样误差的概率度

上式中的 t 称作抽样误差的概率度，它是把抽样平均误差标准化后的一个度量，即：

$$t=\frac{\Delta}{\mu}$$

若说 2 个概率度，即 $t=2$，就表明极限误差有 2 个平均误差大小。概率 $F(t)$ 是概率度 t 的函数，即 t 的大小与 $F(t)$ 相对应。$F(t)$ 是指某随机事件在一定场合出现的比较的概率，或者说某事件出现可能性大小的程度，其取值范围是：$0\leqslant F(t)\leqslant 1$，在正态分布下表示所占面积的百分比，它反映推断结果的可靠度。若用某一样本平均数对总体平均数进行统计推断时允许的误差范围为 2 个平均误差，即 $\Delta_{\bar{x}}=2\mu_{\bar{x}}$，则说明该推断的可靠程度为 95.45%，同时也说明在此误差范围内该样本被抽中的可能性为 95.45%。概率度 t 与概率 $F(t)$ 之间存在的这种函数关系，在实际应用中可以通过“正态分布概率表”进行查对，从表中既可以根据概率度 t 查到概率 $F(t)$，也可以根据统计推断要求的把握程度 $F(t)$ 查到概率度 t。在抽样推断中最常用的几个概率度 t 与概率 $F(t)$ 之间的函数关系见表 7-2。

表 7-2　常用正态分布概率表

概率度 t	概率 $F(t)$	概率度 t	概率 $F(t)$
1.00	0.682 7	2.00	0.954 5
1.5	0.866 4	2.5	0.987 6
1.64	0.899 0	3.00	0.997 3
1.96	0.950 0	4.00	0.999 9

极限误差的计算公式表明，Δ、t、μ 三者存在如下的关系：

(1) 当 μ 一定时，增大 t 值，把握程度 $F(t)$ 相应增大，误差范围 Δ 也随之扩大，这时估计的精确度要降低；反之，在 μ 为一定的条件下，要提高估计的精确度，就得缩小 t 值，这时握程度 $F(t)$ 要相应降低。

(2) 当 t 一定时，即把握程度 $F(t)$ 给定，如果抽样平均误差 μ 小，误差范围 Δ 也就小，估计的精确度就要高；如果抽样平均误差 μ 大，误差范围 Δ 也要大，估计的精确度就要低。

(3) 如果已求出抽样平均误差 μ，并给定误差范围 Δ，则 Δ 除以 μ 可以求出 t 值，在通过查 t 与 $F(t)$ 的查对表，就可以知道把握程度 $F(t)$ 有多大。

三、总体指标的推断

总体指标的推断是指对总体平均数 $\bar{X}$ 和总体成数 P 推断估计的问题。抽样调查的直接目的，就是为了推断 $\bar{X}$、P，然后，再结合总体单位数 N 去推算总体的有关标志总量。总体指标的推断有点估计和区间估计两种方法。

（一）点估计

点估计也称定值估计，它是以抽样得到的样本指标作为总体指标的估计量，并以样本指标的实际值（$\bar{x}$，p）直接作为总体未知参数（$\bar{X}$，P）的估计值的一种推断方法。

例如，某电子元件厂，某天总共生产了电子元件 10 000 件，其耐用时间和合格率没进行全面检测，而是采用随机抽查 5%检测的，经计算样本的平均耐用时间 $\bar{x}=4\ 120$ 小时，其合格率为 $p=98.56\%$。据此，推测这天生产的全部电子元件平均耐用时间 $\bar{X}=4\ 120$ 小时，合格率 $P=98.56\%$。

（二）区间估计

区间估计就是以一定的概率保证估计包含总体参数的一个值域，即根据样本指标和抽样平均误差推断总体指标的可能范围。它包括两个部分内容：一是这一可能范围的大小；二是总体指标落在这个可能范围内的概率。区间估计既表明估计结果的准确程度，同时又表明这个估计结果的可靠程度。

总体平均指标和总体成数指标的区间估计公式为：

$$\bar{x}-\Delta_{\bar{x}} \leqslant \bar{X} \leqslant \bar{x}+\Delta_{\bar{x}}$$

$$p-\Delta_p \leqslant P \leqslant p+\Delta_p$$

在上面的公式中，$\bar{x}-\Delta_{\bar{x}}$ 叫做被估计总体平均指标的下限，$\bar{x}+\Delta_{\bar{x}}$ 叫做被估计总体平均指标的上限，$[\bar{x}-\Delta_{\bar{x}}, \bar{x}+\Delta_{\bar{x}}]$ 叫做被估计总体平均指标的置信区间；同理可知，$p-\Delta_p$ 叫做被估计总体成数的下限，$p+\Delta_p$ 叫做被估计总体成数的上限，$[p-\Delta_p, p+\Delta_p]$ 叫做被估计总体成数的置信区间。

可见，总体指标的区间估计必须具备估计值、误差范围和概率保证程度三个基本要素。其中抽样误差范围的大小决定了抽样推断的准确性，概率保证程度的大小决定了抽样推断的可靠性。换句话说，抽样误差的范围越小，抽样推断的准确性越高；抽样的概率保证程度越大，抽样推断的可靠性也就越大。对于同一次抽样估计来说，抽样推断的准确性与可靠性是一对矛盾。也就是说，提高估计准确性的要求，估计的概率保证程度就会随之降低。因此，在设计抽样调查方案时应谨慎取舍，先对估计的准确性提出要求，再推断估计的可靠性；或先对估计的可靠性提出要求，再去推断可能的误差范围。如果推算的结果不能满足实际工作的要求，就需要采取其他措施（如增加抽样数目、改善抽样的组织方式等）满足研究目的。

【例 7-3】某自行车厂从生产的一批 10 000 条自行车轮胎中随机抽取 1%进行质量检验。调查结果显示，轮胎的平均寿命为 5 000 千米。试以 95%的把握对该批自行车轮胎的平均寿命做出估计。（注：根据长期生产这种类型轮胎的数据可知，总体标准差为 400 千米）

如果以这个样本平均数的观察值作为这批轮胎的质量规格，这就是点估计。不过，厂家若是根据这个结果与客户签订合同显然是不可靠的。厂家应用区间估计来推断总体参数。

已知：$n=10\ 000\times1\%=100$，$\bar{x}=5\ 000$，$\sigma=400$，$F(t)=95\%$

查表得：$t=1.96$

则：$\mu_{\bar{x}}=\sqrt{\frac{\sigma^2}{n}\left(1-\frac{n}{N}\right)}=\sqrt{\frac{400^2}{100}\left(1-\frac{100}{10\ 000}\right)}=39.80$

$\bar{x}\pm t\mu_{\bar{x}}=5\ 000\pm1.96\times39.80=5\ 000\pm78.01$

即：4 921.99 千米$\leqslant \bar{X} \leqslant$5 078.01 千米

因为区间估计最低千米数为 4 921.99 千米，可将 4 900 千米规定为最低可行驶千米数。

【例 7-4】利用【例 7-2】的资料，在 94.45%的概率保证程度下估计全体学生月平均生活费用的可能范围，以及月生活费用在 500 元以上学生所占比重的可能范围。

根据前面的计算可知：$\bar{x}=350$ 元，$p=30\%$，$\mu_{\bar{x}}=2.98$ 元，$\mu_p=1.89\%$

且 $F(t)=95.45\%$，查表得：$t=2$

则：$\Delta_{\bar{x}}=t\mu_{\bar{x}}=2\times2.98=5.96$（元）

$\Delta_p=t\mu_p=2\times1.89\%=3.78\%$

全体学生月平均生活费用的可能范围：

$350-5.96\leqslant\bar{X}\leqslant350+5.96$ 即 $344.04\leqslant\bar{X}\leqslant355.96$

学生中月生活费用在 500 元以上的学生所占比重的可能范围：

$30\%-3.78\%\leqslant P\leqslant30\%+3.78\%$ 即 $26.22\%\leqslant P\leqslant33.78\%$

四、必要抽样数目的确定

（一）影响抽样数目的主要因素

抽样数目是决定抽样误差大小的直接因素，因此，应当在抽样调查之前，根据调查对象的特点和研究目的要求，做出科学的设计，确定出必要的抽样数目，使其既不浪费人力、物力、财力，又能取得较好的抽样推断效果。

影响必要抽样数目的因素有下列几个：

1. 总体被研究标志的变异程度

总体的标志变异程度大，需多抽样本单位；反之，则可以少抽。具体说可以看总体各单位被研究标志方差 σ^2 或 $P(1-P)$ 的大小。方差大，抽样数目应确定得多些；相反则应少些。

2. 对推断精确度的要求

对推断的精确度要求越高，允许误差 Δ 越小，这时就需要多抽取一些样本单位；如果对推断的精确度要求低，允许误差 Δ 大一些，则可以少抽取一些样本单位。

3. 对推断可靠性的要求

抽样推断的可靠程度也就是概率，概率与概率度 t 有关。如果要求可靠程度高，概率度 t 值就大，需要多抽样本单位；反之，如果要求的可靠程度低，概率小，概率度 t 值也小，则可以少抽样本单位。

4. 抽样调查的组织方式和方法

同一对象要求有同样的精确度和保证程度，用机械抽样和类型抽样，抽样数目可定得少些。若用纯随机和整群抽样方式，抽样数目就要定得多些。至于用重复抽样或不重复抽样方法，后者的抽样数目可确定得少些。

5. 人力、物力和财力的允许条件

从以上因素考虑的抽样数目，还应结合调查的人力、物力和财力的具体情况作适当调整，然后再最后确定。

(二) 确定抽样数目的方法

在抽样调查前，调查者通常要根据调查对象的特点和研究目的，提出两条主要要求：

(1) 抽样调查的误差范围或允许范围误差不得大于多少，这就规定了误差范围 Δ 的值；

(2) 抽样推断的结果要有多大的保证程度，这就规定了概率度 t 值。可见，必要抽样数目的计算公式，是从 $\Delta=t\mu$ 这个公式中推导出来的。

在简单随机抽样中，必要抽样数目的计算公式有：

1. 在重复抽样条件下

推断总体平均数所需要的抽样数目：$n_{\bar{x}}=\dfrac{t^2\sigma^2}{\Delta_{\bar{x}}{}^2}$

推断总体成数所需要的抽样数目：$n_p=\dfrac{t^2P\ (1-P)}{\Delta_P{}^2}$

2. 在不重复抽样条件下

推断总体平均数所需要的抽样数目：$n_{\bar{x}}=\dfrac{t^2\sigma^2N}{N\Delta_{\bar{x}}{}^2+t^2\sigma^2}$

推断总体成数所需要的抽样数目：$n_p=\dfrac{t^2P\ (1-P)\ N}{N\Delta_P{}^2+t^2P\ (1-p)}$

需要说明的是：

(1) 在实际工作中，由于抽样比例一般很小（即 n/N 很小），虽然采用的是不重复抽样，但仍按重复抽样的公式来计算必要的抽样数目；

(2) 公式中的 σ^2 和 P 一般都未知，也没有样本数据可代替，通常是利用过去同类调查的数据计算，或试测以取得所需数据；

(3) 根据平均数的公式和成数的公式所计算出的必要抽样数目往往不相等，有时甚至相差很大，为了保证抽样判断的准确程度，则应选用其中较大的样本数（n）值。

【例 7-5】假定某乡有农户 20 000 户，在某次调查中采用重复的纯随机方式进行抽样，要求人均收入的极限误差控制在 150 元内，把握程度为 95.45%，该抽多少农户？如果极限抽样误差要求控制在 75 元内，应抽多少户？（注：根据以往资料，全乡人均收入标准差为 1 500 元）

(1) 采用重复抽样公式计算。

当极限误差 $\Delta_{\bar{x}}\leqslant150$ 元时：

$$n_{\bar{x}}=\frac{t^2\sigma^2}{\Delta_{\bar{x}}{}^2}=\frac{2^2\times1\ 500^2}{150^2}=400(\text{户})$$

当极限抽样误差 $\Delta_{\bar{x}}\leqslant75$ 元时：

$$n_{\bar{x}}=\frac{t^2\sigma^2}{\Delta_{\bar{x}}{}^2}=\frac{2^2\times1\ 500^2}{75^2}=1\ 600(\text{户})$$

可见，在重复抽样中，极限误差缩小一半（即为原来的 1/2）时，必须把样本容量增到 4 倍。

(2) 采用不重复抽样公式计算。

当极限抽样误差 $\Delta_{\bar{x}} \leqslant 150$ 元时：

$$n_{\bar{x}} = \frac{20\,000 \times 2^2 \times 1\,500^2}{20\,000 \times 150^2 + 2^2 \times 1\,500^2} = 392.15 \approx 393(\text{户})$$

当极限抽样误差缩小一半（即为原来的1/2）时：

$$n_{\bar{x}} = \frac{20\,000 \times 2^2 \times 1\,500^2}{20\,000 \times 75^2 + 2^2 \times 1\,500^2} = 1\,481.48 \approx 1\,482(\text{户})$$

【复习与思考】

1. 什么叫抽样调查？它有哪些基本的特点？

2. 抽样调查中的随机原则是指什么？抽样推断时为什么必须遵循随机原则抽取样本？

3. 抽样调查有哪些主要作用？

4. 重复抽样与不重复抽样有什么不同？

5. 抽样调查的组织形式有哪些？各有何特点？

6. 什么是抽样误差？抽样误差的大小受哪些因素影响？

7. 怎样理解抽样平均误差就是抽样平均数（或抽样成数）的标准差？

8. 影响抽样平均误差的因素有哪些？

9. 抽样极限误差与抽样平均误差有什么联系和区别？

10. 必要抽样数目的确定有何意义？影响必要抽样数目的因素有哪些？

【练习题】

1. 某厂生产彩色电视机，按不重复抽样方法从一批出厂产品中抽取1%的产品进行质量检验，取得如下资料：

正常工作时间（千小时）	电视机（台）
6—8	15
8—10	30
10—12	50
12—14	40
14—16	9
合　计	144

试计算抽样平均误差。

2. 根据第1题的资料，对该厂生产的这批彩色电视机的正常工作时间作出区间估计。如果规定彩色电视机的正常工作时间在12 000小时以上为一级品，试对该厂这批出厂产品的一级品率作出区间估计。[$F(t)$ =95%]

3. 某电子产品使用寿命在3 000小时以下为不合格品，现在用简单随机抽样方法，从5 000个产品中抽取100个对其使用寿命进行调查。其结果如下：

使用寿命（小时）	产品个数
3 000 以下	2
3 000—4 000	30
4 000—5 000	50
5 000 以上	18
合计	100

根据以上资料，要求：

(1) 按重复抽样和不重复抽样计算该产品平均寿命的抽样平均误差。

(2) 按重复抽样和不重复抽样计算该产品合格率的抽样平均误差。

(3) 根据重复抽样计算的抽样平均误差，以 68.27%的概率对该产品的平均使用寿命和合格率进行区间估计。

4. 从某县的 100 个村中抽出 10 个村，进行各村的全面调查，得知平均每户饲养家禽 35 只，各村平均数的方差为 16，要求以 95%的概率估计全县平均每户饲养家禽数。

5. 某工厂生产一种新型灯泡 5 000 只，随机抽取 100 只做耐用时间试验。测试结果为，平均寿命为 4 500 小时，标准差 300 小时。试在 90%的概率保证下，估计该新型灯泡平均寿命区间；假定概率保证程度提高到 95%，允许误差缩小一半，试问应抽取多少只灯泡进行测试？

6. 调查一批机械零件合格率。根据过去的资料，合格品率曾有过 99%、97%和 95%三种情况，现在要求误差不超过 1%，要求估计的把握程度为 95%，问需要抽查多少个零件？

提示：总体方差取最大值。

【实训项目】

1. 审查某企业 9 月份领料单，编号 1—900，抽查其中 20%，采用等距抽样法，假定开头随机抽取的样本为 3 号，顺序列出前 10 个应审查的领料单编号。

2. 有甲、乙、丙三类商品共 10 000 件，抽 1 000 件，占 10%，如 10 000 件商品中，甲商品占 1 000 件，乙商品占了 1 500 件，丙商品占了 7 500 件，三类商品均按 10%抽取，试问它们应各抽多少件？

3. 对某产品的质量进行抽样调查，抽取 200 件进行检验，结果发现有 6 件废品，试求 95%的概率保证条件下产品的合格率。

任务八

相关分析与回归分析

【任务目标】

知识目标：

1. 相关关系与函数的区别与联系。
2. 相关系数的作用、计算及根据相关系数判断相关程度的方法及应用。
3. 回归分析的概念和特点。
4. 简单线性回归方程的建立和应用。

能力目标：

1. 相关系数的计算及相关程度大小的判别。
2. 建立简单回归模型。
3. 应用建立的回归模型对社会经济现象进行分析、推算、预测。

【案例导入】

利兴铸造厂产品成本分析

最近几年利兴铸造厂狠抓成本管理，提高经济效益，在降低原材料和能源消耗、提高劳动生产率以及增收节支等方面，取得了显著成绩，单位成本有明显下降，基本扭转了亏损局面。但是各月单位成本起伏很大，有的月份盈利多，有的月份盈利少甚至亏损。为了控制成本波动，并指导今后的生产经营，利兴铸造厂统计部门进行了产品成本分析。

首先，研究单位成本与产量的关系（如下表）：

铸铁件产量及单位成本

时间	铸铁件产量（吨）	单位产品成本（元）	出厂价（元/吨）
上年1月	810	670	750
2月	547	780	750

续表

时间	铸铁件产量（吨）	单位产品成本（元）	出厂价（元/吨）
3 月	900	620	750
4 月	530	800	750
5 月	540	780	750
6 月	800	675	750
7 月	820	650	730
8 月	850	620	730
9 月	600	735	730
10 月	690	720	730
11 月	700	715	730
12 月	860	610	730
今年 1 月	920	580	720
2 月	840	630	720
3 月	1 000	570	720

从上表可以看出，铸铁件单位成本波动很大，在 15 个月中，最高的上年 4 月单位成本达 800 元，最低的今年 3 月单位成本为 570 元，全距是 230 元。上年 2、4、5、9 月这四个月成本高于出厂价，出现亏损，而今年 3 月毛利率达到 20.8% [（720－570）/720×100%]。

成本波动大的原因是什么呢？从表中可以发现，单位成本的波动与产量有关，它们之间具有高度的线性相关关系。上年 4 月成本最高，而产量最低，今年 3 月成本最低，而产量最高，去年亏损的四个月中，产量普遍偏低，这显然是个规模效益问题。在成本构成中，可以分为变动成本和固定成本两部分。根据利兴铸造厂的实际情况，变动成本主要包括原材料及能源消耗、工人工资、销售费用、税金等，固定成本主要包括折旧费用、管理费用和财务费用。在财务费用中，绝大部分是贷款利息，由于贷款余额大，在短期内无力偿还，所以每个月的贷款利息支出基本上是一项固定支出，不可能随产量的变动而变动，故将贷款利息列入固定成本之中。从目前情况看，在成本构成中，固定成本所占比重较大，每月产量大，分摊在单位产品中的固定成本就小；如果产量小，分摊在单位产品中的固定成本就大，所以每月产量的多少直接影响单位成本的波动。为了论证单位成本与产量之间是否存在相关关系，并找出其内在规律以指导今后的工作，现计算相关系数，并建立回归方程。

$$r=-0.98$$

计算结果表明，单位成本与产量之间，存在着高度负相关，相关系数为－0.98。

设各月产量为自变量 x，单位成本为因变量 y，则有直线方程式：

$$\hat{y}=a+bx$$

可得结果为：

$$\hat{y}=1\ 049-0.49x$$

计算结果表明，铸铁件产量每增加 1 吨，单位成本可以下降 0.49 元，设某月产量 x 为 1 100 吨，则单位产品成本：

$$\hat{y}=1\ 049-0.49\times 1\ 100=510(元)$$

当 $x=600$ 吨时，则：

$$\hat{y}=1\ 049-0.49\times 600=755(元)$$

分析报告：增加产量是降低单位成本的重要途径。

……

资料来源：http：//wenku.baidu.com/view/967284d333d4b14e852468fe.html

思考：线性相关是什么意思？高度线性相关关系的判断依据是什么？回归预测模型是怎样建立的？

【理论指导】

一、相关分析

（一）相关关系的概念和特点

1. 相关关系的概念

自然界和人类社会中存在的许多事物和现象，彼此之间都是相互联系、相互依赖、相互制约的。这种客观现象之间的相互联系，可以通过一定的数量关系反映出来。例如气温与降雨量之间，劳动生产率与产品成本之间，居民的货币收入与购买商品支出之间等，都存在着一定的数量依存关系。通常将这些数量依存关系概括为两种不同类型，即函数关系和相关关系。

（1）函数关系（确定性的数量关系）。函数关系是指现象之间客观存在的、在数量变化上按一定法则严格确定的相互依存关系，在这种关系中，某一变量（因变量 y）的变动完全取决于一个或一组变量（自变量 x）的变动。可以用函数式 $y=f(x)$ 来表示 y 与 x 之间的关系。例如，圆的面积 S 与圆的半径 R 之间的关系就是函数关系，因为 $S=\pi R^2$，即当圆的半径确定之后，圆的面积也随之而确定了。

（2）相关关系（不完全确定性的数量关系）。相关关系的全称为统计相关关系，它是指变量之间的数量变化受随机因素影响而不能唯一确定的相互依存关系，可用数学表达式 $y=f(x)+\varepsilon$（ε 代表随机因素）表示。在这种关系中，当某一变量（自变量 x）发生变化，另一个与之相联系的变量（因变量 y）可能会出现若干个数值与之相对应，具有一定的波动性。例如，身材较高的人一般体重也较重，但两者之间的关系并非严格意义上的对应关系，身高 1.75 米的人，对应的体重会有多个数值，因为影响体重的因素不只是身高，它还会受到遗传、饮食习惯等因素的制约和影响。社会经济现象中大多存在这种相关关系。

2. 相关关系的特点

（1）现象之间确实存在着数量上的相互依存关系。相关关系表现为数量上的相互依存关系，即一个变量发生数量上的变化时，另一个变量也会相应地发生数量上的变化。例如，身材较高的人，一般体重也较重；反过来，体重较重的人，一般身材也较高。在具有相关关系的两个变量中，可以根据研究目的，把作为变化依据的量确定为自变量，发生对应变化的量确定为因变量。例如可以把身高作为自变量，则体重就是因变量，也可以把体重作为自变量，此时身高就是因变量。

（2）现象之间数量上的关系是不确定的。相关关系属于变量之间的一种不完全确定的关系，这意味着一个变量虽然受另一个（或一组）变量的影响，却并不由这一个（或一组）变量完全确定。例如身高 1.75 米的人其体重有许多个值。身高与体重之间没有完全严格的确定的数量关系存在，再如产品单位成本和劳动生产率的变动之间存在着一定的依存关系，但是除了劳动生产率的变动之外，还会受到材料消耗、设备折旧、能源耗用以及管理费用等因素变动的影响。

相关关系与函数关系的区别，突出表现在变量之间的具体关系值是否确定，即函数关系是确定的，而相关关系是不确定的。同时相关关系与函数关系彼此之间又有联系，一方面，由于在观察或测量中存在着误差等原因，实际工作中的函数关系有时通过相关关系表现出来；另一方面，在研究相关关系时又常常借助函数关系的形式近似地将它表达出来，以便找到相关关系的一般数量特征。当随机因素不存在时，相关关系就转化为函数关系。因此，函数关系是相关关系的特例。

（二）相关关系的种类

现象之间的相互关系是很复杂的，它们涉及的变动因素多少不同，作用方向不同，表现出来的形态也不同。现象间的相关关系主要有以下几种分类：

1. 相关关系按现象之间相关因素的多少划分，可分为单相关和复相关

单相关是指两个变量之间的相关关系，即所研究的问题只涉及一个自变量和一个因变量。例如，身高和体重、产品单位成本和劳动生产率、家庭收入水平和食品支出比重之间的相关关系都是单相关。复相关是指三个或三个以上变量之间的相关关系，即所研究的问题涉及若干个自变量和一个因变量。例如同时研究居民货币收入、居民非商品支出、手存现金、储蓄对商品购买力的影响时，这几个因素之间的关系就是复相关。

2. 相关关系从表现形态上划分，可分为直线相关和曲线相关

直线相关又称线性相关，是指在相互依存的两个变量之间，当自变量 x 值发生变动时，因变量 y 值发生大致均等的变动，两个变量的对应取值在坐标图中大致呈现为一条直线，如图 8-1（a）所示。例如，商品销售量与商品销售额就表现为直线关系。曲线相关也称非线性相关，是指在相互依存的两个变量之间，当自变量 x 值发生变动时，因变量 y 值发生不均等的变动，两个变量的对应取值在坐标图中的分布大致呈现为抛物线、双曲线、指数曲线等曲线形式，如图 8-1（c）所示。例如，商品销售额与商品流通费用率之间一般表现为曲线关系。

3. 相关关系从变动方向上划分，可分为正相关与负相关

正相关是指直线相关中，两个变量的变动方向相同。即变量 x 增加时，变量 y 也相应增加；变量 x 减少时，变量 y 也相应减少，如图 8-1（a）所示。例如，在正常情况下，居民货币收入增加，社会商品零售额也增加，这种相关关系就是正相关。负相关是指直线相关中，两个变量的变动方向相反，即变量 x 增加时，变量 y 反而减少；变量 x 减少时，变量 y 反而增加，如图 8-1（b）所示。例如，商品价格降低，商品销售量反而增加；总产量增加，产品的单位成本反而降低；商品的流通费用增加，销售利润额减少等。

4. 相关关系按相关的密切程度不同划分，可分为完全相关、不完全相关和完全不相关

完全相关就是两个变量之间具有确定的函数关系，如图 8-1（d）所示。若两个变量之间有一定联系，当一个变量变化时，另一个变量也会因此发生变化，但不存在严格的函数关系，称为不完全相关，如图 8-1（a）、（b）所示，不完全相关又称统计相关，是相关分析所要研究的重要对象。若两个变量之间各自独立，当一个变量变化时，另一个变量不发生变化，或呈现不规则变化，两者没有依存关系，称为完全不相关，如图 8-1（e）所示。例如，家庭收入多少与孩子多少之间不存在相关关系。

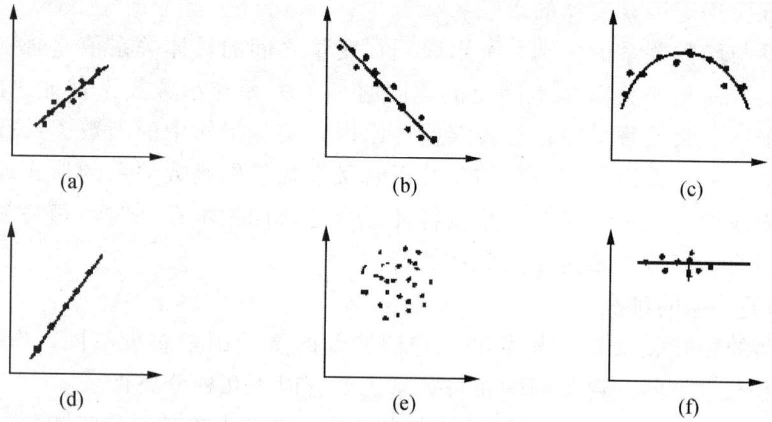

图 8-1　相关散点图

（三）相关分析的内容

对客观现象具有的相关关系进行分析研究所采用的统计方法称为相关分析方法。运用相关分析法的目的在于对相关现象之间的密切程度和变化规律有一个具体的数量上的认识，以便作出某种判断，进行相关的推算和预测。相关分析的主要内容有：

1. 判断现象之间有无相关关系

现象之间有无相关关系，这是相关分析的出发点，只有现象之间确实存在相关关系，才有必要进行进一步的相关分析，所以进行相关分析时，首先要通过定性分析，借助相关表和相关图来判断现象之间是否确实存在相关关系，否则就会产生认识上的偏差，得出错误的分析结论。

2. 判断相关关系的表现形态和密切程度

相关关系是一种数量上不严格的相互依存关系。只有当变量间确实存在高度密切的相关关系时，才可能进行相关分析，对社会经济现象进行预测、推算和决策。因此，判定现象之间存在相关关系后，需要进一步确定相关关系的表现形态和密切程度。统计上，一般是通过编制相关表、绘制相关图和计算相关系数来作出判断。根据相关图表可对相关关系的表现形态和密切程度作出一般性的判断，根据相关系数则能作出数量上的具体分析。

3. 确定相关关系的数学表达式

相关分析的目的之一就是要根据一个现象的变动对另一个现象的变动作出数量上的判断，因此，进行相关分析时，需要根据相关关系的表现形态和密切程度，建立描述现象之间关系的数学表达式，以找出现象间相互依存关系数量上的规律。如果现象之间表现为直线相关，可配合直线方程；如果表现为曲线相关，则配合曲线方程。建立数学方程式是进行推算和预测的依据。

4. **检验因变量估计值的误差**

运用回归方程进行预测，实际上是用确定性的函数关系表达不确定的相关关系，因而必然存在误差。用自变量的取值，代入回归方程，可求得因变量相应的值，即预测值。实际值（或称观察值）与计算值一般是有出入的，通过计算标准误差可得知这种误差的平均值；依据标准误差还可以计算预测值的置信区间，分析因变量的可靠程度。

（四）相关关系的判断和测定

进行相关分析，首先要判断现象之间是否存在相关关系，如果确实存在相关关系，再进一步确定相关关系的表现形态和密切程度。因此在实际工作中，一般先要进行现象之间相关关系的定性分析和借助相关表、相关图进行初步判断，然后再通过相关系数的计算来测定相关关系的密切程度。

1. **定性分析**

相关关系的判断，首先是利用定性分析来判断。任何社会经济现象都有质的规定性，它表明了现象之间的区别与联系。对现象的这种质的规定性运用理论知识、专业知识、实际经验来进行判断和分析，就是定性分析。例如，根据经济理论来判断收入与社会购买力是否存在相关关系；根据生物遗传理论来判断父母的身高与子女的身高是否存在相关关系等。如果在定性分析时，判断现象间并没有什么依存关系，就用不着进行相关分析了。

2. **相关表**

相关表是一种根据实际观察得到的足够多的资料来反映现象之间相关关系的统计表。一般是按自变量 x 的大小顺序来编制相关表。通过相关表可以初步观察出相关关系的形态、密切程度和相关方向。相关表主要有以下几种：

（1）简单相关表。将一变量按其取值的大小排列，然后再将与其相关的另一变量的对应值平行排列，便可得到简单相关表。

【例 8-1】对某社区居民家庭月收入（x）与消费支出（y）进行调查得到原始资料见表 8-1。

表 8-1　居民家庭月收入与消费支出的原始资料　　单位：元

家庭编号	月收入	消费支出
1	2 500	2 100
2	1 500	1 200
3	3 300	2 900
4	6 200	4 200
5	8 800	6 400
6	2 200	1 800
7	9 200	6 900
8	4 000	3 500
9	1 800	1 500
10	7 500	5 500

根据表 8-1 中的原始资料，将月收入按从小到大的顺序排列，可编制居民家庭月收入与消费支出相关表，见表 8-2。

表 8-2　居民家庭月收入与消费支出相关表

单位：元

月收入	消费支出
1 500	1 200
1 800	1 500
2 200	1 800
2 500	2 100
3 300	2 900
4 000	3 500
6 200	4 200
7 500	5 500
8 800	6 400
9 200	6 900

从表 8-2 中可以看出，随着家庭月收入的提高，居民的消费支出也有相应提高的趋势，两者之间存在着明显的正相关关系。

（2）分组相关表。原始资料很多时，通常要编制分组相关表来反映现象之间的相关关系。分组相关表是把简单相关表资料适当并组后编制成的相关表。按分组的情况不同，分组相关表又可分为单变量分组相关表和双变量分组相关表两种。

①单变量分组相关表。单变量分组相关表是在具有相关关系的两个变量中，只对自变量进行分组的相关表。例如，根据某地区商业企业 2002 年商品销售额和平均流通费用率的资料，编制单变量分组相关表，如表 8-3 所示。

表 8-3　商品销售额与流通费用率相关表

按商品销售额分组（万元）	商业企业数（个）	平均流通费用率（%）
40 以下	10	9.80
40—80	14	7.91
80—120	21	7.32
120—160	30	7.05
160—200	33	6.78
200—240	29	6.70
240—280	21	6.65

从上表中可以粗略地看出，商业企业随着商品销售额的增加，流通费用率有下降的趋势。

②双变量分组相关表。如果两个相关变量的变动均较为复杂，根据分析的需要，同时对两个变量进行分组，交叉排列，并列出两种变量各组间的共同次数，形成棋盘式的表格，这种统计表称为双变量分组相关表。例如，根据某省建材公司的运材队 2015 年汽车运材成本和木材运量的资料编制双变量分组相关表，如表 8-4 所示。

表 8-4　运材成本和木材运量双变量分组相关表

运材成本（元/立方米）	木材运量（万立方米）					
	1—11	11—21	21—31	31—41	41—51	合计
16—21	2	1				3
11—16	5	3	4	1		13
6—11		3	3	1	1	8
合计	7	7	7	2	1	24

制作双变量分组相关表，须注意将自变量放在横栏，按变量值从小到大，自左至右排列，将因变量 y 放在纵栏，按变量值从大到小、自上而下排列，这样做的目的是将相关表与相关图统一起来，便于判断相关关系的性质。通过双变量分组相关表中各组次数分布的情况，可初步判断两种变量之间相关的形态、方向和程度。例如，工业企业按产量和成本同时分组；对同行业的企业按企业规模和流通费用水平同时进行分组等。这种双变量分组相关表，可以作为探寻最佳方案、提高经济效益的一种工具。但是，根据双变量分组相关表的资料来计算相关分析指标比较复杂，所以，在相关分析中较少使用。

3. **相关图**

相关图又称为散点图、散布图，是将具有相关关系的两个变量值描绘在坐标图上，以横轴表示自变量 x，纵轴表示因变量 y，按两变量的对应值标出坐标点（散布点），以表示其分布状况的图形。通过相关图可以更直观、更形象地观察出两个变量之间有无相关关系以及相关的方向、形态和密切程度。

4. **相关系数**

相关表和相关图只能大致反映现象间相关关系的一般情况。为了从数量上测量现象间相关关系的密切程度，需要计算相关系数、相关指数等统计分析指标，下面仅介绍相关系数及其计算方法。

（1）相关系数的含义。相关系数是指在直线相关的条件下，说明两个现象之间相关关系密切程度的统计分析指标，用 r 表示。它具有三个特点：

①两变量为对等关系，可以不区分自变量和因变量，其相关系数只有一个取值。

②相关系数有正有负，反映正相关或负相关。

③若以抽样调查取得资料，则两个变量均应有相同的随机性，这也是对等关系的要求。对全面调查统计资料而言，不存在随机性的问题，均为确定性资料。

相关系数的计算方法有若干种，最容易理解的一种叫积差法，直接来源于数理统计中相关系数的定义，因为它是英国统计学家卡尔·皮尔逊为正确测定两个变量间相关关系密切程度而使用的，又称为皮尔逊积差相关系数。相关系数的定义（积差法）为：两变量的协方差与两变量各自标准差乘积之比。其基本公式为：

$$r=\frac{\sigma_{xy}^2}{\sigma_x\sigma_y}=\frac{\frac{1}{n}\sum_{i=1}^{n}(x_i-\bar{x})(y_i-\bar{y})}{\sqrt{\frac{1}{n}\sum_{i=1}^{n}(y_i-\bar{y})^2}\sqrt{\frac{1}{n}\sum_{i=1}^{n}(x_i-\bar{x})^2}}$$

式中：$\sigma_{xy}^2=\frac{1}{n}\sum_{i=1}^{n}(x_i-\bar{x})(y_i-\bar{y})$ 为变量 x 与 y 的协方差；

$\sigma_x=\sqrt{\frac{1}{n}\sum_{i=1}^{n}(x_i-\bar{x})^2}$ 为自变量 x 数列的标准差；

$\sigma_y=\sqrt{\frac{1}{n}\sum_{i=1}^{n}(y_i-\bar{y})^2}$ 为因变量 y 数列的标准差。

根据相关系数的定义公式可知相关系数的含义如下：

①r 的取值范围为：$-1\leqslant r\leqslant 1$。因为协方差的绝对值最小为 0，最大为 σ_x 与 σ_y 的乘积。

②r 的绝对值越接近 1，表明相关关系越密切；越接近于 0，表明相关关系越不密切。

③$r=1$ 或 $r=-1$，表明两现象完全相关；$r=0$ 表明两变量无直线相关关系。

④ $r>0$，表明现象呈正直线相关关系；$r<0$，表明现象呈负直线相关关系。

⑤ 实际工作中，$|r|<0.3$，视为无相关；$0.3\leqslant|r|<0.5$，为低度相关；$0.5\leqslant|r|<0.8$，为显著相关；$0.8\leqslant|r|<1$，一般称为高度相关。

（2）相关系数的计算。

①按定义公式计算。根据定义公式列表将公式中所需要的基本数据依次算出，即需要列出五个计算栏：$(x_i-\bar{x})$、$(y_i-\bar{y})$、$(x_i-\bar{x})(y_i-\bar{y})$、$(x_i-\bar{x})^2$、$(y_i-\bar{y})^2$，然后代入计算公式求得相关系数。

【例 8-2】根据表 8-2 的资料，已知居民家庭月收入与消费支出之间为直线相关，计算居民家庭月收入与消费支出的相关系数，如表 8-5 所示。

表 8-5　居民家庭月收入与消费支出相关系数计算表

编号	月收入 x_i（百元）	消费支出 y_i（百元）	$x_i-\bar{x}$ $\bar{x}=47$	$y_i-\bar{y}$ $\bar{y}=36$	$(x_i-\bar{x})(y_i-\bar{y})$	$(x_i-\bar{x})^2$	$(y_i-\bar{y})^2$
1	15	12	−32	−24	768	1 024	576
2	18	15	−29	−21	609	841	441
3	22	18	−25	−18	450	625	324
4	25	21	−22	−15	330	484	225
5	33	29	−14	−7	98	196	49
6	40	35	−7	−1	7	49	1
7	62	42	15	6	90	225	36
8	75	55	28	19	532	784	361
9	88	64	41	28	1 148	1 681	784
10	92	69	45	33	1 485	2 025	1 089
合计	470	360	—	—	5 517	7 934	3 886

根据表 8-5 数据得：

$$r=\frac{\frac{1}{n}\sum_{i=1}^{n}(x_i-\bar{x})(y_i-\bar{y})}{\sqrt{\frac{1}{n}\sum_{i=1}^{n}(x_i-\bar{x})^2}\cdot\sqrt{\frac{1}{n}\sum_{i=1}^{n}(y_i-\bar{y})^2}}=\frac{\frac{1}{10}\times 5\ 517}{\sqrt{\frac{1}{10}\times 7\ 934}\cdot\sqrt{\frac{1}{10}\times 3\ 886}}=0.993\ 6$$

计算结果表明，居民家庭月收入与消费支出呈现出高度正相关关系，其相关系数 r 达到了 99.36%。

②用简捷公式测定。根据定义公式计算相关系数十分烦琐，需要列出五个计算栏，而且在计算平均数 $\bar{x}$ 和 $\bar{y}$ 时常常会出现除不尽的小数，从而影响 $x_i-\bar{x}$ 和 $y_i-\bar{y}$ 的准确性，以致相关系数的数值出现一定程度的误差。因此通常将定义公式整理变形，使得相关系数 r 的计算变得比较简单。变形之后的简捷计算公式为：

$$r=\frac{n\sum_{i=1}^{n}x_iy_i-\sum_{i=1}^{n}x_i\sum_{i=1}^{n}y_i}{\sqrt{n\sum_{i=1}^{n}y_i^2-(\sum_{i=1}^{n}y_i)^2}\cdot\sqrt{n\sum_{i=1}^{n}x_i^2-(\sum_{i=1}^{n}x_i)^2}}$$

根据简捷公式计算相关系数，只需要列出三个计算栏 x_i^2、y_i^2、x_iy_i 即可，而且避免了平均数、离差以及标准差的直接计算，减少了中间环节，相关系数的准确性也会提高。

【例 8-3】仍根据表 8-2 的资料，用简捷公式计算居民家庭月收入与消费支出的相关系数，如表 8-6 所示。

表 8-6　居民家庭月收入与消费支出相关系数计算表

编号	月收入 x_i（百元）	消费支出 y_i（百元）	x_iy_i	x_i^2	y_i^2
1	15	12	180	225	144
2	18	15	270	324	225
3	22	18	396	484	324
4	25	21	525	625	441
5	33	29	957	1 089	841
6	40	35	1 400	1 600	1 225
7	62	42	2 604	3 844	1 764
8	75	55	4 125	5 625	3 025
9	88	64	5 632	7 744	4 096
10	92	69	6 348	8 464	4 761
合计	470	360	22 437	30 024	16 846

$$r=\frac{n\sum_{i=1}^{n}x_iy_i-\sum_{i=1}^{n}x_i\sum_{i=1}^{n}y_i}{\sqrt{n\sum_{i=1}^{n}y_i^2-(\sum_{i=1}^{n}y_i)^2}\cdot\sqrt{n\sum_{i=1}^{n}x_i^2-(\sum_{i=1}^{n}x_i)^2}}$$

$$=\frac{10\times 22\,437-470\times 360}{\sqrt{10\times 16\,846-(360)^2}\cdot\sqrt{10\times 30\,024-(470)^2}}=0.993\,6$$

计算结果表明，居民家庭月收入与消费支出之间呈现出高度正相关关系，相关系数 r 达到了 99.36%。

③其他变形公式测定。当已知 x，y 的平均数时，可使用以下计算公式来计算相关

系数。

$$r=\frac{\sum_{i=1}^{n}x_iy_i-n\cdot\bar{x}\cdot\bar{y}}{\sqrt{\sum_{i=1}^{n}y_i^2-n(\bar{y})^2}\sqrt{\sum_{i=1}^{n}x_i^2-n(\bar{x})^2}}$$

如用前例资料，如果已知 $\bar{x}=47$ 百元，$\bar{y}=36$ 百元，运用上述公式计算相关系数为：

$$r=\frac{22\,437-10\times47\times36}{\sqrt{16\,846-10\times36^2}\cdot\sqrt{30\,024-10\times47^2}}=0.993\,6$$

二、回归分析

（一）回归分析的概念和特点

1. 回归分析的概念

“回归”一词于19世纪由英国生物学家F. 高尔顿（Francis Galton，1822—1911年）首先提出。高尔顿在进行人类体形的测定后，根据其搜集的数据对父母身高和子女身高的关系进行了研究，他发现：成年子女的身高与父母的身高有密切关系，较高的父母其子女较高，较矮的父母其子女也较矮，但身材特别高的父母所生孩子的身材并非特别高，身材特别矮的父母所生孩子的身材也非特别矮，子辈身高有向父辈平均身高接近的趋向。高尔顿把这种现象叫做“身高数值从一极端至另一极端的回归”。此后高尔顿的学生皮尔逊（Karl Pearson，1857—1936年）把回归的概念同数学方法联系起来，把代表现象之间一般数量关系的统计模型叫做回归直线或回归曲线，从此诞生了著名的回归理论。后来，“回归”这个词被用来泛指变量之间的一般数量关系。

在实际中，如果运用相关理论判断现象之间确实存在相关关系，且相关程度较高，这时可对自变量和因变量的变动趋势拟合数学模型进行量的推算，这样一种统计分析方法称为回归分析。它的意思是：根据现象之间相关关系的形式，配合一条适合的直线或曲线来反映它们之间数量变化的一般关系，即当自变量发生一定量的变化时，因变量一般会发生多大量的变化。回归分析分为线性（直线）回归分析和非线性（曲线）回归分析，由于现象之间的关系是复杂的，有些现象的变化受一个因素的影响，有些现象的变化受两个或多个因素的影响，因此线性回归分析又可以分为一元线性回归分析和多元线性回归分析。本任务仅介绍一元线性回归分析。

2. 回归分析的特点

与相关分析相比较，回归分析也有相应的几个特点：

（1）回归分析的两个变量是非对等关系。相关分析中，具有相关关系的两个变量是对等的，不必区分自变量和因变量；而回归分析中，两个变量是因果关系，必须先根据研究目的，确定哪个变量是自变量，哪个变量是因变量，自变量、因变量不同，所得出的分析结果也有所不同。

（2）回归分析中，因变量是随机变量，自变量是可控制变量。在回归分析中，对于互为因果关系的 x、y 两个变量，可根据研究目的分别建立 y 对于 x 的回归方程（其中

x 为自变量，y 为因变量）或 x 对于 y 的回归方程（其中 y 为自变量，x 为因变量），两个方程是互相独立的，不能互相替换；而相关分析中，被研究的两个变量都是随机变量，它只能计算出反映两个变量之间相关密切程度的一个统计分析指标——相关系数。

（3）回归分析中建立的回归方程反映的是变量之间的变动关系，不是抽象的系数，根据回归方程，利用自变量的给定值可以估计或推算出因变量的数值；而相关分析中计算的相关系数是一个绝对值在 0 与 1 之间的抽象系数，其数值的大小仅反映变量之间相关关系的程度。

回归分析的用途很广，是分析因果变动和其他有联系变动的有力工具，在计量经济学中就大量使用回归分析法，在统计预测中也离不开回归分析法，因此，掌握回归分析的基本原理和方法是十分重要的。

3. 相关分析和回归分析的联系与区别

相关分析与回归分析既有区别又有密切联系。

两者的联系在于，两者都是对客观事物数量依存关系的分析，其中回归分析是在相关分析的基础上进行的。如果没有定性地说明现象之间是否存在相关关系，也没有对这种相关关系的紧密程度作出量的说明，就不宜进行回归分析。即使勉强进行了回归分析，也没有多大的实际意义。回归分析不仅可以认识事物之间的关系，更重要的是可以运用这种关系推算，预测未来的发展趋势，可见回归分析是相关分析的继续和拓展。通过回归分析对现象之间的相关关系拟合回归方程，就有可能进行推算和预测，相关分析才能更好地发挥作用，如果仅有相关分析而没有回归分析，就如有头无尾，失去了统计分析应有的意义。

两者的区别在于，两者的概念和作用不同，它们分别从不同角度来说明现象之间的依存关系。相关分析只能说明现象之间是否相关及其相关方向和紧密程度，但不能说明一个现象发生一定量的变化，另一个现象会对应发生多大量的变化，而回归分析通过建立适当的回归方程则能够预测出这种变化的量，它是进行测算和预测的重要依据之一。

（二）回归分析的内容

回归分析是指对具有显著相关关系的现象，根据其关系形式，选择一个合适的数学模型建立起变量关系的数学表达式，用来研究变量之间数量变动关系的统计分析方法。具体内容包括如下两个方面：

1. 确定现象之间相关关系的数学模型

回归分析的目的之一就是要根据一个现象的变动对另一个现象的变动作出数量上的判断，测定变量之间的一般数量变化关系。即建立描述现象之间相关关系的数学模型——回归方程，用函数关系近似地表现相关关系，进而找出现象之间相互依存关系数量上的规律，作为判断、推算和预测的依据。

2. 测定数学模型的拟合精度

数学模型是现象之间相关和回归关系的数量描述形式，模型拟合的精度，直接影响着统计分析结论的准确性。因此，在模型建立后，需要对其精度进行检验。统计上一般通过计算估计值的标准误差来测定。估计值的标准误差越小，说明模型拟合得越优，从而进行统计分析结论的可靠性就越高；反之，估计值的标准误差越大，说明模型拟合得越差，则统计分析结论的可靠性就越低。

（三）一元线性回归分析

一元线性回归分析的步骤为：

第一步：相关分析——判断变量之间相关关系的性质以及密切程度。

这是回归分析的基础和前提，只有判断出变量之间相关关系的性质以及密切程度，才能进行一元线性回归分析。有关内容在前面已作介绍，这里不再重复。

第二步：建立一元线性回归模型。

这是回归分析的关键。一元线性回归模型也称简单线性回归模型，是分析两个变量之间相互关系的数学方程式。在确定两个变量间确实存在着显著相关关系的基础上，可设 x 为自变量，$\hat{y}$ 为因变量 y 的估计量，其直线方程表达式为：

$$\hat{y}=a+bx$$

式中：a、b 称为回归模型的待定参数，其中 b 又称为回归系数。

上述的回归方程在平面坐标中表现为一条直线即回归直线。当 $b>0$ 时，$\hat{y}$ 随 x 的增加而增加，两变量之间为正相关关系；当 $b<0$ 时，$\hat{y}$ 随着 x 的增加而减少，两变量之间为负相关关系；当 $b=0$ 时，$\hat{y}$ 为一常量，不随 x 的变动而变动。这为我们判断现象之间的相关关系，分析现象之间是否处于正常状态提供了一条标准。

待定参数 a 和 b 的确定方法通常采用最小平方法。用这种方法求出的直线回归方程是针对原资料最适合的方程，是代表 x 与 y 之间关系最优的一条直线。最小平方法的数学出发点是：

$$\sum_{i=1}^{n}(y_i-\hat{y}_i)^2=\text{最小值}$$

即 $$\sum_{i=1}^{n}(y_i-a-bx_i)^2=\text{最小值}$$

$$\text{令 } Q=\sum_{i=1}^{n}(y_i-a-bx_i)^2$$

根据高等数学中求极值的原理：

$$\frac{\partial Q}{\partial a}=0,\quad \frac{\partial Q}{\partial b}=0$$

则 $$\begin{cases}\sum\limits_{i=1}^{n}2(y-a-bx)(-1)=0\\ \sum\limits_{i=1}^{n}2\sum\limits_{i=1}^{n}(y-a-bx)(-x)=0\end{cases}$$

即 $$\begin{cases}\sum\limits_{i=1}^{n}y_i=na+b\sum\limits_{i=1}^{n}x_i\\ \sum\limits_{i=1}^{n}x_iy_i=a\sum\limits_{i=1}^{n}x_i+b\sum\limits_{i=1}^{n}x_i^2\end{cases}$$

解联立方程式即得求 a、b，公式如下：

$$\begin{cases} b = \dfrac{n\sum\limits_{i=1}^{n}x_iy_i - (\sum\limits_{i=1}^{n}x_i)(\sum\limits_{i=1}^{n}y_i)}{n\sum\limits_{i=1}^{n}x_i^2 - (\sum\limits_{i=1}^{n}x_i)^2} \\ a = \dfrac{\sum\limits_{i=1}^{n}y_i}{n} - \dfrac{b\sum\limits_{i=1}^{n}x_i}{n} = \bar{y} - b\bar{x} \end{cases}$$

这里 b 为回归系数，它表示自变量 x 每增加一个单位时，因变量 y 的平均变动值，$b>0$ 为增量，$b<0$ 为减量。

现以表 8-2 的资料为例说明回归方程参数的求解过程。

【例 8-4】仍根据表 8-2 的资料求居民家庭月收入与消费支出的回归直线方程，其过程如表 8-7 所示。

表 8-7　回归预测计算表

编号	月收入 x_i（百元）	消费支出 y_i（百元）	x_iy_i	x_i^2	$\hat{y}_i$	$y_i-\hat{y}_i$	$(y_i-\hat{y}_i)^2$
1	15	12	180	225	13.76	−1.76	3.097 6
2	18	15	270	324	15.845	−0.845	0.714 0
3	22	18	396	484	18.625	−0.625	0.390 6
4	25	21	525	625	20.71	0.29	0.084 1
5	33	29	957	1 089	26.27	2.73	7.452 9
6	40	35	1 400	1 600	31.135	3.865	14.938 2
7	62	42	2 604	3 844	46.425	−4.425	19.580 6
8	75	55	4 125	5 625	55.46	−0.46	0.211 6
9	88	64	5 632	7 744	64.495	−0.495	0.245 0
10	92	69	6 348	8 464	67.275	1.725	2.975 6
合计	470	360	22 437	30 024	360	0	49.690 2

根据公式计算如下：

$$b = \frac{n\sum\limits_{i=1}^{n}x_iy_i - (\sum\limits_{i=1}^{n}x_i)(\sum\limits_{i=1}^{n}y_i)}{n\sum\limits_{i=1}^{n}x_i^2 - (\sum\limits_{i=1}^{n}x_i)^2} = \frac{10\times 22\ 437 - 470\times 360}{10\times 30\ 024 - (470)^2} = \frac{55\ 170}{79\ 340} = 0.695$$

$$a = \frac{\sum\limits_{i=1}^{n}y_i}{n} - b\frac{\sum\limits_{i=1}^{n}x_i}{n} = \frac{360}{10} - 0.695\times\frac{470}{10} = 3.335$$

将计算结果代入回归模型中，即得回归模型为：

$$\hat{y} = 3.335 + 0.695x$$

式中：$a=3.335$ 是回归直线在 y 轴上的截距；$b=0.695$ 表示月收入每增加一个单位（百元），月消费支出将增加 0.695 百元。

第三步：进行回归预测。

这是回归方程的应用。根据回归方程，当月收入 x 取一定的数值时，就可以求得相应的月消费支出的预测值。

例如，当月收入为 4 000 元，即 40 百元时，月消费支出为：

$$\hat{y}=3.335+0.695\times 40(\text{百元})=31.135(\text{百元})=3\ 113.5(\text{元})$$

回归方程还可用于预测，如当月收入为 1 万元，即 100 百元时，在其他条件稳定时，估计月消费支出为

$$\hat{y}=3.335+0.695\times 100(\text{百元})=72.835(\text{百元})=7\ 283.5(\text{元})$$

需要说明的是，对上面所求的方程，只能用给定自变量 x 的值去推算因变量 y 的值，而不能由 y 的值去推算 x 的值。

若 x 与 y 互为因果，则可建立以 y 为自变量、x 为因变量的回归方程，再根据 y 的给定值去推算 x。

第四步：估计标准误差。

根据回归直线方程，可以由自变量的给定值推算因变量的值，但是，推算出的因变量的值并不是一个精确数值，而只是一个估计值和理论值。这表明由回归方程进行预测是存在误差的，误差越大，说明拟合的回归直线方程越不精确；误差越小，说明拟合的回归直线方程越精确，回归直线方程的代表性越强。因此，有必要对回归直线方程的拟合精度进行检测，估计标准误差就是进行这种检验的统计分析指标。

估计标准误差是用来说明回归方程代表性大小的统计分析指标，又称为预测标准差。它是指因变量实际值与预测值之间的标准差。其计算公式为：

$$S_y=\sqrt{\frac{\sum_{i=1}^{n}(y_i-\hat{y}_i)^2}{n}}$$

式中：S_y 代表估计标准误差，y_i 为因变量实际值，$\hat{y}_i$ 为因变量估计值，n 为样本容量。

根据上面的定义公式计算估计标准误差十分烦琐，运算量较大，因为它需要计算出因变量 y 所有的估计值。实践中，在已知直线回归方程的情况下，通常用下面的简捷公式计算估计标准误差：

$$S_y=\sqrt{\frac{\sum_{i=1}^{n}y_i^2-a\sum_{i=1}^{n}y_i-b\sum_{i=1}^{n}x_iy_i}{n}}$$

式中：a 为回归方程的参数值，b 为回归系数。

【例 8-5】根据表 8-7 的资料分别用定义公式和简捷公式计算比较估计标准误差。

表 8-7 中 $\hat{y}$ 值是根据【例 8-4】中的回归直线 $\hat{y}=3.335+0.695x$ 求得的。

根据定义公式得：

$$S_y=\sqrt{\frac{\sum_{i=1}^{n}(y_i-\hat{y}_i)^2}{n}}=\sqrt{\frac{49.690\ 2}{10}}=2.23$$

根据简捷公式得：

$$S_y=\sqrt{\frac{\sum_{i=1}^{n}y_i^2-a\sum_{i=1}^{n}y_i-b\sum_{i=1}^{n}x_iy_i}{n}}$$

$$=\sqrt{\frac{16\ 846-3.335\times 360-0.695\times 22\ 437}{10}}=\sqrt{\frac{51.685}{10}}$$

$$=2.27$$

估计标准误差是分析研究现象之间相互关系的逆指标，其计算结果越小，说明利用回归直线预测的精度越高；反之，则说明预测的精度越低。

（四）应用相关分析与回归分析应注意的问题

相关分析与回归分析都是重要的统计分析方法，但是，相关分析和回归分析与其他统计方法一样，也有自己的局限性，因此，在实践中应注意如下几个方面的问题。

1. 要注意以定性分析为基础，在定性分析的基础上进行定量分析

相关分析主要用来分析社会经济现象之间相关关系，回归分析则主要是根据现象之间相关关系的紧密程度依据数学公式对现象数量的变化进行估计与预测，相关系数的计算、回归方程的建立都是基于现象之间所固有的客观联系之上的。至于现象之间是否存在相关关系、能否用数学表达式表达等问题，作为数学方法的相关分析与回归分析是无能为力的，因此，在运用相关和回归分析之前，首先要对研究的现象进行定性分析，运用有关理论、专业知识、丰富的实践经验和分析研究问题的能力，获得准确的定性认识。不通过定性分析，直接根据样本观测数据进行定量分析，构建模型，有时就可能得出错误的结论。因为任何两列数据，即使是毫不相关的两个现象，都可以计算出相关系数，构建出回归模型。因此，相关分析和回归分析中，必须以定性分析为基础，在定性分析的基础上进行定量分析。

2. 要注意客观现象质的界限及相关关系作用的范围

现象间所存在的相互依存关系都是有一定数量界限的。例如，一般地说，施肥量越多，粮食产量越高，但是施肥量超过一定的限度，粮食产量不但不会增加，反而还会减少。这表明，某些现象之间的相关关系及其形式只在一定的限度内存在，超过某一界限，这种相关关系及其形式就有可能会发生改变，比如说某些现象之间的相关关系在一定的限度内是正相关，而超过某一界限，则可能是负相关，在一定的限度内是直线相关，而在另一界限内可能是曲线相关。相应地，我们用数学模型得到的回归方程，一般都是根据一定范围内的有限资料来计算的，其有效性一般只适用于该范围内，不适用于该范围外。因此用相关与回归分析方法进行推算和预测要注意客观现象质的界限及相关关系作用的范围。

3. 要考虑社会经济现象的复杂性

社会经济现象之间的关系比自然现象间的关系复杂得多，影响社会经济现象之间关系的不仅有自然因素，还有政治的、经济的、道德的甚至心理因素等，而且社会条件的变化也比较快，因此，在推广应用时要注意社会经济现象的复杂性。例如，价格上涨，销售量减少，价格下跌，销售量增加，这是一般规律，但人们的心理因素以及一些偶然因素仅用相关分析方法是估计不出来的，因此，在应用相关分析方法研究现象之间的关系时，必须注意社会经济现象的复杂性。

4. 应注意对相关关系和回归方程的有效性进行检验

相关回归分析中所得出的回归系数、回归方程、估计标准误差等都是根据样本数据求得的，但所作的结论都是对总体的。例如，由30个人的身高与体重值计算出相关系数为0.95，所得出的结论并不是说30个人的身高与体重存在着相关关系，而是说人的身高与体重具有相关关系。显然，这里存在一个由样本代表总体的问题。因此，使用相关系数、回归模型进行分析时，要对其有效性进行检验。

【复习与思考】

1. 什么是相关关系？相关关系有什么特点？

2. 简述相关关系和函数关系的区别与联系。

3. 请指出以下各项哪些属于相关关系，哪些属于函数关系。

(1) 物体的体积随着温度的升高而膨胀，随着压力的加大而收缩；

(2) 家庭收入增多，其消费支出也有增长的趋势；

(3) 农作物的收获量和雨量、气温、施肥量等有着密切的关系；

(4) 圆的半径越长，其面积也越大；

(5) 物价上涨，商品的需求量下降。

4. 请指出下面相关关系的种类：

(1) 商品流通费用率和商品销售额之间的关系；

(2) 单位产品固定成本和产品产量之间的关系；

(3) 人的体重和其家庭收入之间的关系；

(4) 产品变动成本总额和产品产量之间的关系。

5. 简述相关分析和回归分析的区别与联系。

6. 什么是相关系数和回归系数？如何计算？

7. 什么是估计标准误差？其作用是什么？

8. 简述应用相关分析和回归分析时应注意哪些问题。

【练习题】

1. 已知 $\sum_{i=1}^{n}(x_i-\bar{x})(y_i-\bar{y})=12\ 900$，$\sum_{i=1}^{n}(x_i-\bar{x})^2=14\ 400$，$\sum_{i=1}^{n}(y_i-\bar{y})^2=13\ 600$，求 x 与 y 的相关系数。

2. 为研究数学考试成绩与统计考试成绩之间的关系，现从某学校中随机抽取10人进行调查，所得结果如下表所示：

学生编号	1	2	3	4	5	6	7	8	9	10
数学成绩（分）	86	90	79	76	83	96	68	80	76	60
统计成绩（分）	81	91	63	81	81	96	67	90	78	54

要求：(1) 根据所给数据绘制相关图，判断数学考试成绩与统计考试成绩之间的相关形态；

(2) 计算数学考试成绩与统计考试成绩之间的相关系数。

3. 已知回归方程 $\hat{y}=a+bx$，其中 $a=200$，$\sum_{i=1}^{n} y_i=1\ 500$，$\bar{x}=15.5$，$n=36$，求 b 值。

4. 现有 10 名成年女子身高与体重资料如下：

序号	1	2	3	4	5	6	7	8	9	10
身高（厘米）	162	163	165	167	169	170	172	173	174	175
体重（千克）	51	52	55	54	58	57	60	64	63	66

要求：(1) 计算身高与体重之间的相关系数；

(2) 已知体重为 54 千克，要推算其身高应如何做？试求之并解释所得结果；

(3) 已知身高为 170 厘米，试推算体重。

5. 已知 $n=6$，$\sum_{i=1}^{n} x_i=21$，$\sum_{i=1}^{n} y_i=426$，$\sum_{i=1}^{n} x_i^2=79$；$\sum_{i=1}^{n} y_i^2=30\ 268$，$\sum_{i=1}^{n} x_i y_i=1\ 481$。

要求：(1) 计算相关系数；

(2) 建立回归直线方程；

(3) 计算估计标准误差。

6. 某企业广告费与销售额之间的资料如下：

广告费（千元）	销售额（万元）
1	3.0
2	6.2
3	6.6
4	8.1
5	10.4
6	12.3
7	12.6
8	16.3
9	16.8
10	18.5

要求：(1) 画出相关图；

(2) 计算相关系数；

(3) 建立回归方程；

(4) 预测当广告费达到 10 千元时，销售额将达到多少？

(5) 计算估计标准误差。

【实训项目】

某企业从有关资料中发现，广告投入与销售收入之间有着密切的关系。近几年该企业广告费与销售额之间的资料如下：

年份	广告费（万元）x	销售额（百万元）y
2007	35	18
2008	52	25
2009	60	30
2010	72	38
2011	85	41
2012	80	44
2013	95	49
2014	100	52
2015	105	60
合　计	684	357

试分析：企业广告投入与产品销售额之间的关系，如果存在高度的线性相关关系，则求出产品销售额与广告投入的回归方程。

附录一

国民经济核算体系及几个主要总量指标

一、国民经济核算体系的概念和作用

国民经济核算，是近代经济发展的产物，它对于国民经济管理理论和宏观经济学的发展，起了十分重要的促进作用。国民经济核算是在一定的理论指导下的以国民经济为整体的核算，也就是对社会再生产过程的全面核算。它通过统一的具有内在联系的指标体系，系统地反映国民经济运行的全貌和全过程，为国民经济决策和科学管理提供可靠的依据。它主要包括国民收入核算、投入产出核算、资金流量核算、国际收入核算和资产负债核算等五大内容。

国民经济核算体系，是指以一定的经济理论为指导，明确规定一系列核算概念和核算原则，制定一套反映国民经济循环的核算指标和科学的核算方法以及相应的表现形式，通过具有内在联系的总量数据和分部门数据，系统地反映国民经济的循环总过程的核算标准和规范，它是整个经济信息系统的核心。

二、两大核算体系

国民经济核算体系是在20世纪50年代开始作为国际标准的，由于各国经济运行机制和经济管理体制不同，形成了两种不同的国民经济核算体系，且在相当长时期里并存发展。

（一）物质产品平衡表体系（System of Materal Product Balances，MPS **体系**）

物质产品平衡表体系是为适应对国民经济实行高度集中的计划管理的需要，由原苏联首先建立起来的，以后逐渐为东欧各国、古巴、蒙古等国所采用。它以物质产品的生产、分配、交换和使用为主线来核算物质产品再生产过程，核算范围包括农业、工业、建筑业、货物运输及邮电业、商业等物质生产部门，核算方法主要采用平衡法，由一系列平衡表所组成。近年来独联体和东欧各国为适应向市场经济过渡，已放弃继续使用这一体系。

（二）国民经济账户体系（System of National Accounts，SNA **体系**）

国民经济账户体系适用于市场经济条件下的国民经济核算，首创于英国，继而在经济发达国家推行，现已为世界上绝大多数国家和地区所采用。它以全面生产的概念为基础，把国民经济各行各业都纳入核算范围，将社会产品分为货物和服务两种形态，完整地反映全社会生产活动成果及其分配和使用的过程，并注重社会再生产过程中资金流量和资产负债的核算。它运用复式记账法的原理，建立一系列宏观经济循环账户和核算表式，组成结构严谨、逻辑严密的体系。

长期以来，从高度集中的产品经济体制出发，我国采用的国民经济核算制度基本上属于 MPS 模式，而且很不完整，存在的问题也多。随着社会主义市场经济的建立和发展，特别是经济体制改革的深入和经济运行机制的变化，这一核算制度越来越不适应加强宏观管理的需要。因此，改革原有的国民经济核算制度，建立健全的新的国民经济核算体系，是发展社会主义市场经济，深化改革、扩大对外开放的一项非常紧迫的任务。我国新国民经济核算体系是由社会再生产核算表和经济循环账户两部分组成，以国内生产总值的核算为主，采取平衡表、账户、矩阵相结合的方法，对国民经济循环进行完整的描述，在整个结构上把国民经济循环中实物运动与资金运动，经济流量与经济存量以及国内交易与国外交易紧密联系起来，并解决了 MPS 和 SNA 两大体系的结合与转换问题。这个体系的主要综合性指标有：国内生产总值、国内生产净值、国民生产总值、国民生产净值、国民可支配收入等。

三、我国国民经济的几个主要总量指标

（一）国内生产总值

1. 国内生产总值的概念

国内生产总值（GDP）是一个国家或一个地区在一定时期内所生产和提供的最终使用的产品和服务的总价值。

对这个概念的几点说明：

（1）国内生产总值是 SNA 核算体系中一个重要的综合性指标，也是我国新国民经济核算体系中的核心指标。

（2）国内生产总值是反映常住单位生产活动成果的指标。常住单位是指在一国经济领土内具有经济利益中心的经济单位。

2. 国内生产总值指标的作用

我国计算国内生产总值指标的作用，具体体现在以下方面：

（1）国内生产总值指标能综合反映国民经济活动的总量，表明国民经济发展全貌，特别是能反映第三产业活动状况。

（2）国内生产总值指标是衡量国民经济发展规模、速度的基本指标。

（3）国内生产总值指标是分析经济结构和宏观经济效益的基础指标。

（4）国内生产总值指标有利于分析研究社会最终产品（包括服务）的生产、分配和最终使用情况，能较全面地反映国家、集体和个人三者之间的分配关系。

（5）国内生产总值指标有利于进行国际间的对比。

3. 国内生产总值的计算方法

国内生产总值，从生产角度它等于各部门增加值之和；从收入角度它等于固定资产

折旧、劳动者报酬、生产税净额和营业盈余之和；从支出角度它等于总消费、总投入和净出口之和。因此国内生产总值的计算，有生产法、收入法和支出法三种。

（1）生产法（部门法或增加值法）。这种方法是从生产的角度来计算国内生产总值。计算公式为：

国内生产总值＝各部门增加值之和

增加值＝总产出－中间消耗

（2）收入法（分配法或成本法）。这种方法是从分配或收入的角度来计算国内生产总值。按这种方法计算，首先是各个部门根据生产要素在初次分配中应得到的收入份额来计算增加值，然后再汇总各部门的增加值而得到国内生产总值。计算公式为：

增加值＝固定资产折旧＋劳动者报酬＋生产税净额＋营业盈余

式中，固定资产折旧是为补偿生产经营中损耗的固定资产按比例提取的折旧费；劳动者报酬是指企业、单位对从事生产经营活动的职工及其他从业人员，以现金和实物形式支付的工资、福利费和保险费；生产税净额是指企业在生产、销售产品中应向政府缴纳的税金（利前税）减去生产补贴后的余额；营业盈余为总产出中扣除中间消耗、固定资产折旧、劳动者报酬、生产税净额后的盈余部分，是营业利润及其他盈余。

（3）支出法（最终产品法或使用法）。这种方法是从最终使用的角度来计算国内生产总值。一定时期的国内生产总值在本期内的最终使用具体包括总消费、总投资和净出口三部分。计算公式为：

国内生产总值＝总消费＋总投资＋净出口

式中，总消费分为居民消费和社会消费，包括用于最终消费的物质产品和服务的价值；总投资是指一定时期内固定资产投资和库存增加价值的总和；净出口为物质产品和服务出口价值减进口价值的差额。

用以上三种方法计算出来的国内生产总值，从理论上讲应该相等，但是，由于资料来源不同，实际上三种结果往往会存在差异，这种差异属统计误差。

（二）国民生产总值

国民生产总值是指一定时期内国内生产总值与来自国外的要素净收入之和。国民生产总值和国内生产总值的关系可用公式表示为：

国民生产总值＝国内生产总值＋来自国外的劳动者报酬和财产收入－国外从本国获得的劳动者报酬和财产收入

或＝国内生产总值＋国外要素收入净额

国外要素收入净额＝来自国外的劳动者报酬和财产收入－国外从本国获得的劳动者报酬和财产收入

或＝来自国外的劳动者报酬净额＋来自国外的财产收入净额

国民生产总值反映了本国常住单位原始收入的总和，因此，国民生产总值不是一个生产概念。在联合国的新 SNA 核算体系中已将国民生产总值改称为国民总收入。

（三）社会总产值

1. 社会总产值的概念和作用

社会总产值也称社会总产品，是以货币表现的各物资生产部门的总产出。它反映一个国家（或地区）在一定时期内物质生产的总成果。

社会总产值指标的作用主要表现在：

（1）社会总产值反映了物质生产部门生产的总成果。

（2）社会总产值反映了各物质生产部门之间的经济技术联系。

（3）社会总产值是进行宏观调控和微观管理的基础资料之一。

社会总产值指标的局限性主要有：受产品中原材料转移价值大小的影响；受专业化协作程度高低和企业组织结构变动的影响。社会分工越细，专业化程度越高，协作关系越密切，产品转移价值要重复计算的次数就越多，社会总产值将随着转移价值重复计算的次数增多而加大。

2. 社会总产值的计算

由于社会总产值是各物质生产部门生产的社会产品总量，因此需要先掌握各物质生产部门的社会总产值，然后再汇总得到整个物质生产部门的即全社会的总产值。社会总产值的汇总方法有两种。

（1）部门社会总产值加总法。这种方法是直接将各物质生产部门的总产值加总求得社会总产值。即：

社会总产值＝工业总产值＋农业总产值＋建筑业总产值＋批发零售贸易业餐饮业总产值＋货运及生产性邮电业总产值

采用这种计算方法，一方面能满足社会总产值指标数值的需要；另一方面也满足了研究各个部门的生产成果的需要。所以，实际中多采用此种方法计算社会总产值。

（2）最终消费价格法。此法是将按最终消费价格计算的工业、农业和建筑业产品的价值加总求得社会总产值。其计算公式如下：

$$社会总产值=\sum(各种产品产量\times该产品的最终消费价格)$$

（四）几个总量指标的计算关系

国内生产净值＝国内生产总值－固定资产折旧

国民生产净值（国民净收入）＝国民生产总值（国民总收入）－固定资产折旧

国民可支配总收入＝国民生产总值＋来自国外的经常转移净额

国民可支配净收入＝国民生产净值＋来自国外的经常转移净额

社会总产值＝总产出－非物质生产部门总产出＝物质生产部门总产出

附录二

SPSS-相关性和回归分析（一元线性方程）案例解析

任何事物和人都不是以个体存在的，它们都被复杂的关系链所围绕着，具有一定的相关性，也会具备一定的因果关系（比如：父母和子女，不仅具备相关性，而且还具备因果关系，因为有了父亲和母亲，才有了儿子或女儿），但不是所有相关联的事物都具备因果关系。

下面用SPSS采用回归线性分析的方式来分析一下："居民总储蓄"和"居民总消费"情况是否具备相关性，如果具备相关性，那相关关系的密切程度为多少。

下面以"居民总储蓄"和"居民总消费"的调查样本做统计分析，数据如下所示：

GDP（亿元）	净出口（亿美元）	居民总储蓄（亿元）	居民消费（亿元）	外商直接投资（亿美元）
8 964.40	−149.00	3042.70	4 625.70	63.33
10 202.20	−119.70	4 163.36	5 214.10	33.30
11 962.50	−37.70	4 642.08	6 011.50	37.09
14 928.30	−77.50	7 099.94	7 694.10	52.97
16 909.20	−66.00	6 996.74	8 588.00	56.00
18 547.90	87.40	11 078.36	9 108.90	65.96
21 617.80	80.50	8 478.02	10 377.70	119.77
26 638.10	43.50	13 580.77	12 537.30	581.24
34 634.40	−122.20	19 211.61	15 774.60	1 114.36
4 662.30	54.00	26 949.28	20 925.80	826.80
58 260.50	167.00	39 620.83	27 082.70	912.82
67 800.00	122.20	34 055.32	32 322.90	732.76
74 462.60	404.20	28 936.78	35 035.60	510.03
79 552.80	435.70	24 281.39	37 093.50	521.02
82 054.00	292.30	19 214.44	39 510.20	412.23
89 404.00	241.10	30 340.47	43 000.25	623.80

我们先来分析“居民总储蓄”和“居民总消费”是否具备相关性（采用 SPSS 19 版本）

点击“分析—相关—双变量”，进入如下界面：

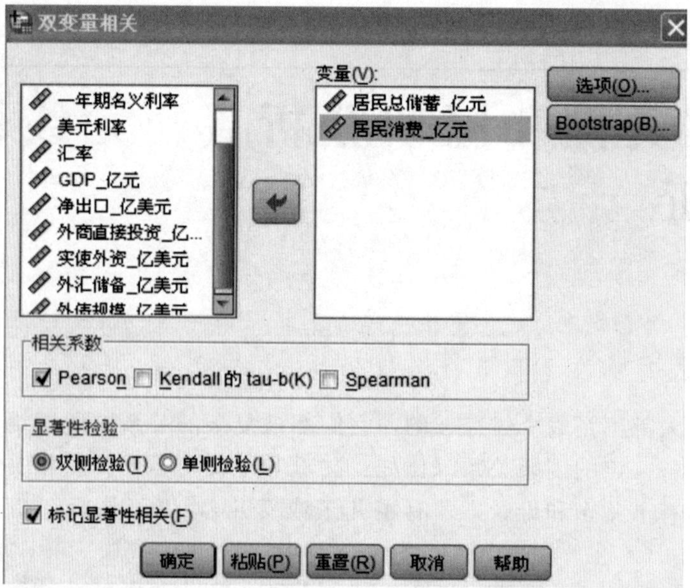

将“居民总储蓄”和“居民总消费”两个变量移入“变量”框内，在“相关系数”栏目中选择“Pearson”（Pearson 是一种简单相关系数分析和计算的方法，如果需要进行进一步分析，需要借助“多元线性回归”分析），在“显著性检验”中选择“双侧检验”并且勾选“标记显著性相关”，点击“确定”，得到如下结果：

相关性

		居民总储蓄_亿元	居民消费_亿元
居民总储蓄_亿元	Pearson 相关性	1	.821**
	显著性（双侧）		.000
	N	16	16
居民消费_亿元	Pearson 相关性	.821**	1
	显著性（双侧）	.000	
	N	16	16

**. 在 .01 水平（双侧）上显著相关。

从以上结果，可以看出“Pearson”的相关性为 0.821（可以认为是“两者的相关系数为 0.821），属于“正相关关系”，同时“显著性（双侧）结果为 0.000，由于 0.000＜0.01，所以具备显著性，得出：“居民总储蓄”和“居民总消费”具备相关性，有关联。

既然具备相关性，那么我们将进一步做分析，建立回归分析，并且构建“一元线性方程”，如下所示：

点击“分析—回归—线性”，结果如下所示：

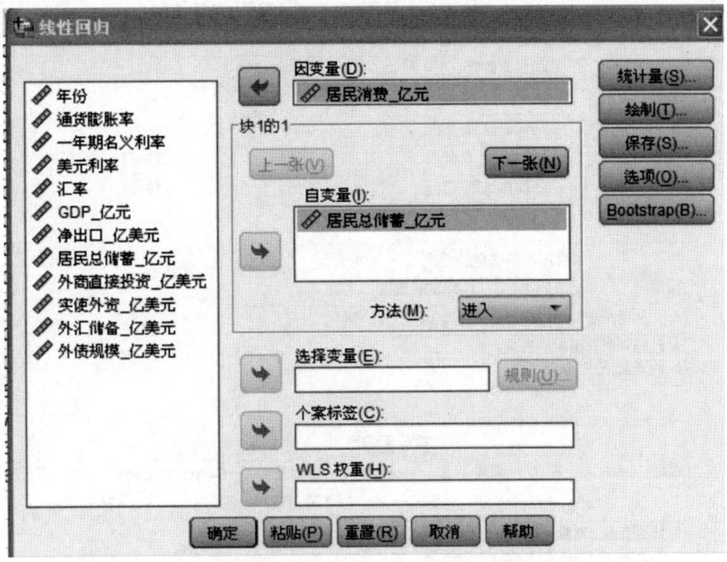

将“因变量”和“自变量”分别拖入框内（如上图所示），从上图可以看出：“自变量”是指“居民总储蓄”，“因变量”是指“居民总消费”。

点击“统计量”进入如下界面：

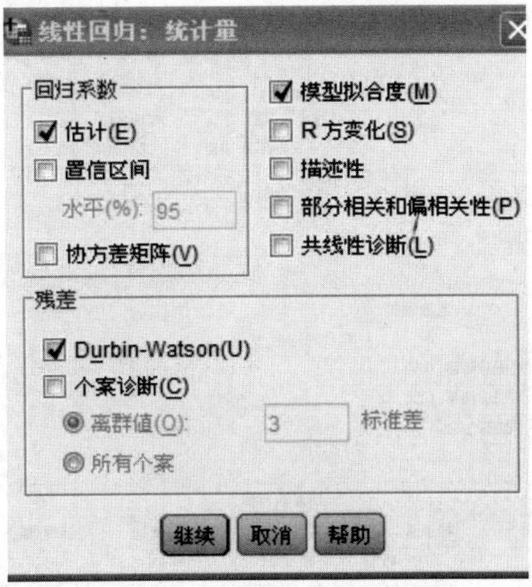

在“回归系数”中选择“估计”，在右边选择“模型拟合度”，在残差下面选择“Durbin-Watson（U），点击“继续”按钮。

再点击“绘制图”，在“标准化残差图”下面选择“正态概率分布图”选项。

再点击“保存”按钮，在残差下面选择“未标准化”（数据的标准化方法较多，此处不赘述）。

得到如下结果：

		居民消费_亿元	居民总储蓄_亿元
Pearson 相关性	居民消费_亿元	1.000	.821
	居民总储蓄_亿元	.821	1.000
Sig.（单侧）	居民消费_亿元	.	.000
	居民总储蓄_亿元	.000	.
N	居民消费_亿元	16	16
	居民总储蓄_亿元	16	16

输入/移去的变量[b]

模型	输入的变量	移去的变量	方法
1	居民总储蓄_亿元	.	输入

a. 已输入所有请求的变量。
b. 因变量: 居民消费_亿元

模型汇总[b]

模型	R	R方	调整 R方	标准 估计的误差	Durbin-Watson
1	.821[a]	.675	.652	8130.46321	.426

a. 预测变量: (常量), 居民总储蓄_亿元。
b. 因变量: 居民消费_亿元

Anova[b]

模型		平方和	df	均方	F	Sig.
1	回归	1.921E9	1	1.921E9	29.057	.000[a]
	残差	9.255E8	14	66104432.036		
	总计	2.846E9	15			

系数[a]

模型		非标准化系数		标准系数	t	Sig.
		B	标准 误差	试用版		
1	(常量)	2878.518	3721.319		.774	.452
	居民总储蓄_亿元	.954	.177	.821	5.390	.000

a. 因变量: 居民消费_亿元

系数相关[a]

模型			居民总储蓄_亿元
1	相关性	居民总储蓄_亿元	1.000
	协方差	居民总储蓄_亿元	.031

a. 因变量: 居民消费_亿元

残差统计量[a]

	极小值	极大值	均值	标准 偏差	N
预测值	5782.4673	40692.5859	19681.4281	11316.05281	16
残差	-13609.88574	18293.44531	.00000	7854.77370	16
标准 预测值	-1.228	1.857	.000	1.000	16
标准 残差	-1.674	2.250	.000	.966	16

a. 因变量: 居民消费_亿元

结果分析如下：

（1）从模型汇总[b]中可以看出“模型拟合度”为 0.675，调整后的“模型拟合度”为 0.652，就说明“居民总消费”的情况都可以用该模型解释，拟合度相对较高。

（2）从 Anvoa[b] 的检验结果来看（其实这是一个回归模型的方差分析表）F 的统计量

为：29.057，P 值显示为：0.000，拒绝模型整体不显著的假设，证明模型整体是显著的。

（3）从“系数[a]”这个表可以看出回归系数，回归系数的标准差，回归系数的 T 显著性检验等，回归系数常量为：2 878.518，但是 Sig 为：0.452，常数项不显著，回归系数为：0.954，相对的 Sig 为：0.000，具备显著性，由于在“Anvoa[b]”表中提到了模型整体是“显著”的。

所以一元线性方程为：居民总消费＝2 878.518＋0.954×居民总储蓄。

从结果分析来看，可以简单地认为：居民总储蓄每增加 1 亿，那居民总消费将会增加 0.954 亿。

资料来源：http：//hi.baidu.com/shuaibing001/item/b9d0875a880a3d09e6c4a5bd。

附录三

正态分布概率表

t	$F(t)$	t	$F(t)$	t	$F(t)$	t	$F(t)$
0.00	0.000 0	0.32	0.251 0	0.64	0.477 8	0.96	0.662 9
0.01	0.008 0	0.33	0.258 6	0.65	0.484 3	0.97	0.668 0
0.02	0.016 0	0.34	0.266 1	0.66	0.490 7	0.98	0.672 9
0.03	0.023 9	0.35	0.273 7	0.67	0.497 1	0.99	0.677 8
0.04	0.031 9	0.36	0.281 2	0.68	0.503 5	1.00	0.682 7
0.05	0.033 9	0.37	0.288 6	0.69	0.509 8	1.01	0.687 5
0.06	0.047 8	0.38	0.296 1	0.70	0.516 1	1.02	0.692 3
0.07	0.055 8	0.39	0.303 5	0.71	0.522 3	1.03	0.697 0
0.08	0.063 8	0.40	0.310 8	0.72	0.528 5	1.04	0.701 7
0.09	0.071 7	0.41	0.318 2	0.73	0.534 6	1.05	0.706 3
0.10	0.079 7	0.42	0.325 5	0.74	0.540 7	1.06	0.710 9
0.11	0.087 6	0.43	0.332 8	0.75	0.546 7	1.07	0.715 4
0.12	0.095 5	0.44	0.340 1	0.76	0.552 7	1.08	0.719 9
0.13	0.103 4	0.45	0.347 3	0.77	0.558 7	1.09	0.724 3
0.14	0.111 3	0.46	0.354 5	0.78	0.564 6	1.10	0.728 7
0.15	0.119 2	0.47	0.361 6	0.79	0.570 5	1.11	0.733 0
0.16	0.127 1	0.48	0.368 8	0.80	0.576 3	1.12	0.737 3
0.17	0.135 0	0.49	0.375 9	0.81	0.582 1	1.13	0.741 5
0.18	0.142 8	0.50	0.382 9	0.82	0.587 8	1.14	0.745 7
0.19	0.150 7	0.51	0.389 9	0.83	0.593 5	1.15	0.749 9
0.20	0.158 5	0.52	0.396 9	0.84	0.599 1	1.16	0.754 0
0.21	0.166 3	0.53	0.403 9	0.85	0.604 7	1.17	0.758 0
0.22	0.174 1	0.54	0.410 8	0.86	0.610 2	1.18	0.762 0
0.23	0.181 9	0.55	0.417 7	0.87	0.615 7	1.19	0.766 0
0.24	0.189 7	0.56	0.424 5	0.88	0.621 1	1.20	0.769 9
0.25	0.197 4	0.57	0.431 3	0.89	0.626 5	1.21	0.773 7
0.26	0.205 1	0.58	0.438 1	0.90	0.631 9	1.22	0.777 5
0.27	0.212 8	0.59	0.444 8	0.91	0.637 2	1.23	0.781 3
0.28	0.220 5	0.60	0.451 5	0.92	0.642 4	1.24	0.785 0
0.29	0.228 2	0.61	0.458 1	0.93	0.647 6	1.25	0.788 7

续表

t	F (t)	t	F (t)	t	F (t)	t	F (t)
0.30	0.235 8	0.62	0.464 7	0.94	0.652 8	1.26	0.792 3
0.31	0.2434	0.63	0.471 3	0.95	0.657 9	1.27	0.795 9
1.28	0.799 5	1.61	0.892 6	1.94	0.947 6	2.54	0.988 9
1.29	0.803 0	1.62	0.894 8	1.95	0.948 8	2.56	0.989 5
1.30	0.806 4	1.63	0.896 9	1.96	0.950 0	2.58	0.990 1
1.31	0.809 8	1.64	0.899 0	1.97	0.951 2	2.60	0.990 7
1.32	0.813 2	1.65	0.901 1	1.98	0.952 3	2.62	0.991 2
1.33	0.816 5	1.66	0.903 1	1.99	0.953 4	2.64	0.991 7
1.34	0.819 8	1.67	0.905 1	2.00	0.954 5	2.66	0.992 2
1.35	0.823 0	1.68	0.907 0	2.02	0.956 6	2.68	0.992 6
1.36	0.826 2	1.69	0.909 0	2.04	0.958 7	2.70	0.993 1
1.37	0.829 3	1.70	0.910 9	2.06	0.960 6	2.72	0.993 5
1.38	0.832 4	1.71	0.912 7	2.08	0.962 5	2.74	0.993 9
1.39	0.835 5	1.72	0.914 6	2.10	0.964 3	2.76	0.994 2
1.40	0.838 5	1.73	0.916 4	2.12	0.966 0	2.78	0.994 6
1.41	0.841 5	1.74	0.918 1	2.14	0.967 6	2.80	0.994 9
1.42	0.844 4	1.75	0.919 9	2.16	0.969 2	2.82	0.995 2
1.43	0.847 3	1.76	0.921 6	2.18	0.970 7	2.84	0.995 5
1.44	0.850 1	1.77	0.923 3	2.20	0.972 2	2.86	0.995 8
1.45	0.852 9	1.78	0.924 9	2.22	0.973 6	2.88	0.996 0
1.46	0.855 7	1.79	0.926 5	2.24	0.974 9	2.90	0.996 2
1.47	0.858 4	1.80	0.928 1	2.26	0.976 2	2.92	0.996 5
1.48	0.861 1	1.81	0.929 7	2.28	0.977 4	2.94	0.996 7
1.49	0.863 8	1.82	0.931 2	2.30	0.978 6	2.96	0.996 9
1.50	0.864 4	1.83	0.932 8	2.32	0.979 7	2.98	0.997 1
1.51	0.869 0	1.84	0.934 2	2.34	0.980 7	3.00	0.997 3
1.52	0.871 5	1.85	0.935 7	2.36	0.981 7	3.20	0.998 6
1.53	0.874 0	1.86	0.937 1	2.38	0.982 7	3.40	0.999 3
1.54	0.876 4	1.87	0.938 5	2.40	0.983 6	3.60	0.999 68
1.55	0.878 9	1.88	0.939 9	2.42	0.984 5	3.80	0.999 86
1.56	0.881 2	1.89	0.941 2	2.44	0.985 3	4.00	0.999 94
1.57	0.883 6	1.90	0.942 6	2.46	0.986 1	4.50	0.999 993
1.58	0.885 9	1.91	0.934 9	2.48	0.986 9	5.00	0.999 999
1.59	0.888 2	1.92	0.945 1	2.50	0.987 6		
1.60	0.890 4	1.93	0.946 4	2.52	0.988 3		